Madame Yevonde

Be Original or Die

The British Council

Published by
The British Council
10 Spring Gardens, London SW1 2BN
Text © Copyright 1998
Brett Rogers, Adam Lowe, The British Council

Cover Image: Self Portrait, 1937 © Yevonde Portrait Archive
Spanish Translation by Gabriel Perez-Barreiro and Margó Brown
Photography Exhibition organised by Brett Rogers and Sean Williams, Visual Arts, The British Council
Designed and Typeset by Orna Frommer-Dawson,
John and Orna Designs, London
Printed by Clifford Press Ltd, Coventry
ISBN 0 86355 378 8

Be Original or Die

Madame Yevonde

PREFACE

The famous art director, Alexei Brodovitch's bleak maxim that the extent of any photographer's real creative work is rarely more than seven years, may indeed be true in the case of Madame Yevonde, whose achievements in the field of experimental colour photography began around 1932 with her discovery of the Vivex colour process, but ended abruptly with the closure of the processing plant at the beginning of the second World War. Although she was to continue her career, mainly in black and white, right up until her death in 1975, it was during this brief period in the thirties that she produced an impressive body of work in colour, spanning the fields of advertising, documentary, still life and portraiture. Whilst she has much in common with other thirties fashion and society photographers, such as Dorothy Wilding and Hugh Cecil, two characteristics which inform her unique vision are responsible for her work's continuing appeal to audiences. Although she may not have lived the outwardly 'liberated' lifestyle of her more famous contemporary Lee Miller, Yevonde's suffragette principles, which would today be termed 'feminist', remained a strong motivation in her work, encouraging her to explore issues concerning women's social and sexual roles to a degree which was unrivalled by other women photographers of her period. In addition, her exploitation of the creative and expressive potential of the new medium of colour found few parallels in Britain during the thirties. Yevonde passionately believed in colour at a time when there was general scepticism about its validity as a fine art medium and its technical durability.

It was on viewing the first sumptuous colour portfolio of *Goddesses* produced in 1996 by Adam Lowe of Permaprint in conjunction with Adrian Lack of The Senecio Press that we decided the time was ripe to mount an exhibition of Yevonde's colour work. Adam Lowe and Michael Ward have provided us not only with professional and technical advice on the production of the exhibition prints but, together with Sean Williams, have been intimately involved in the selection of the images. The selection process, which has involved laboriously sifting through the thousands of glass plate negatives housed in the Yevonde Portrait Archive, owned by Lawrence Hole, threw up a number of new and previously unknown images, encouraging us all to reconsider the manner and nature of Yevonde's achievement. Lawrence Hole's

support and enthusiasm for the project from the very beginning have enabled us to produce an exhibition which we believe will further his aims for the archive of making Yevonde's work accessible to as broad an audience as possible. Our thanks are extended to him for the time, energy and commitment which he has given to this project and for the contribution he has made in identifying hitherto unknown subjects.

I am extremely grateful to my three joint selectors for their advice, support and guidance with all aspects of the presentation of this material. Sean Williams has played a crucial role in the selection process, as well as in the researching of source material and negotiation of the exhibition tour. His contribution to the catalogue entries, along with Adam's outline of the technical procedures involved in making these prints, will greatly enhance the impact of this publication.

Neither my research nor this publication could have been possible without the efforts of scholars who have previously explored this area. To Pam Roberts, Robin Gibson and Kate Salway go my thanks for preparing the groundwork for my research. Their publications, which were produced in 1990 to accompany an exhibition at the National Portrait Gallery, London did much to promote Yevonde's work within Britain. We sincerely hope the current show will generate a new international audience for one of Britain's most original pioneering woman photographers.

BRETT ROGERS
Deputy Director, Visual Arts

PREFACIO

La máxima pesimista del famoso director artístico Alexeí Brodovitch de que el trabajo realmente creativo de cualquier fotógrafo se suele limitar a apenas siete años parece cumplirse en el caso de Madame Yevonde, cuya experimentación en el campo de la fotografía en color empieza en 1932 al descubrir el proceso color Vivex, y termina repentinamente con el cierre del laboratorio al estallar la segunda guerra mundial. Aunque su carrera continuó, sobre todo en blanco y negro, hasta su muerte en 1975, fue durante este breve período en la década de 1930 cuando produjo una obra impresionante en color, transitando los campos de la publicidad, el documental, la naturaleza muerta y el retrato. A pesar de guardar cierto parecido con otros fotógrafos sociales y modistas de la época como Dorothy Wilding y Hugh Cecil, existen dos características que conforman su especial mirada y que siguen atrayendo al público. Aunque no haya tenido una vida tan evidentemente 'liberada' como la de su famosa contemporánea, Lee Miller, los principios sufragistas de Yevonde, que hoy se denominarían 'feministas', eran una motivación fuerte en su obra, llevándola a explorar los papeles sociales y sexuales de las mujeres hasta un grado que sobrepasó a las otras mujeres fotógrafas de la época. Además, su apropiación del potencial creativo y expresivo del nuevo medio del color tenía pocos parecidos en Gran Bretaña en la década de 1930. Yevonde creía apasionadamente en el color en una época en la que existía un gran escepticismo sobre su validez como medio artístico y su durabilidad técnica.

Al ver el primer espléndido álbum de 'Diosas' creado en 1996 por Adam Lowe de Permaprint con la colaboración de Adrian Lack de The Senecio Press decidimos que ya era hora de montar una exposición de la obra en color de Yevonde. Adam Lowe y Michael Ward no sólo nos dieron su asesoramiento profesional y técnico sobre la producción de las fotos para la exposición sino que también, junto con Sean Williams, estuvieron involucrados de forma directa en la selección de imágenes. El proceso de selección, que ha significado revisar con paciencia los miles de negativos de vidrio guardados en la Yevonde Portrait Archive, propiedad de Lawrence Hole, hizo aparecer una cantidad de imágenes nuevas y desconocidas, lo cual nos incentivó a considerar una nueva aproximación a la forma y naturaleza de la obra de Yevonde. El apoyo y el entusiasmo de Lawrence Hole desde el

comienzo posibilitó la creación de una muestra que creemos que contribuirá a hacer realidad su deseo de que el archivo pueda hacer llegar la obra de Yevonde a un público lo más amplio posible. Agradecemos su tiempo, energía y dedicación al proyecto, y su ayuda a la hora de identificar temas anteriormente desconocidos.

Agradezco mucho a mis tres co-selectores por su consejo, apoyo y ayuda en todos los aspectos de la presentación de este material. Sean Williams ha tenido un papel fundamental durante el proceso de selección, además de investigar el material primario y negociar la itinerancia de la exposición. Su contribución a los textos del catálogo, junto con la descripción de Adam de los procedimientos técnicos utilizados para imprimir las imágenes ayudarán a maximizar el impacto de esta publicación.

Ni mi investigación ni esta publicación podrían existir sin los esfuerzos de estudiosos que han trabajado anteriormente en este campo. Agradezco a Pam Roberts, Robin Gibson y Kate Salway por preparar mi investigación. Sus publicaciones, editadas en 1990 para acompañar una exposición en la National Portrait Gallery de Londres ayudaron a promover la obra de Yevonde dentro de Gran Bretaña. Esperamos sinceramente que esta exposición genere un nuevo público internacional para una de las fotógrafas británicas más originales y pioneras.

BRETT ROGERS
Director Adjunto, Artes Visuales

BE ORIGINAL OR DIE – YEVONDE'S LIFE OF COLOUR

Born in Streatham, south London in 1893, to a prosperous family, Yevonde Cumbers[1] enjoyed a felicitous childhood typical of many middle class families of the time revolving around a social calendar of regular costume parties and visits to the theatre. After attending a modern progressive school, Lingholt, in Surrey, with her younger sister Verena, she was sent at the age of sixteen to a convent school in Belgium. It was here, and subsequently in Paris, that due to boredom with her studies, she discovered one of the greatest passions of her life – the Suffragette Movement[2].

By the time Yevonde became interested in the 'Votes for Women' movement, it was entering its most public and volatile campaign phase, with its tactics divided between those of the WSPU (Women's Social and Political Union) headed by Emmeline Pankhurst who favoured direct militant action and those of the constitutionalists from the NUWSS (National Union of Women's Suffrage Societies) who restricted their activities to peaceful demonstrations and law-abiding actions. The year 1909 saw militancy increasing, with protesters chaining themselves to railings, public figures being accosted and the subsequent imprisonment of many of its members.

On her return to Britain from France, Yevonde initially threw herself into working for the movement – distributing pamphlets, participating in processions and arranging drawing room meetings to attract converts. Whilst greatly admiring the strength and courage of the Suffragette leaders, especially those who had been imprisoned for their beliefs, she soon realised that she did not possess sufficient strength of will to devote her life to the cause. "I would cheerfully have burned churches, destroyed letterboxes and embarked on a career of wickedness and violence in order to claim political freedom, had it not been for the horror of prison, hunger strikes, and forcible feeding. I fancied very much the role of the martyr but had not the courage to see it through"[3].

Convinced nonetheless that "to be independent was the greatest thing in life", she set out to embark on a career which would provide her with complete financial and professional independence. A wide number of professional options were

1. Although her birth and marriage certificates give her name as 'Yevonde Cumbers', much of the literature has referred to her by another name, Edith Plummer. See for example Val Williams, *Women Photographers: The Other Observers, from 1900 to the present.* Virago, 1986, p.90.

2. Despite the pejorative associations attached to the term 'suffragette' in 1906 by the newspaper responsible for coining the phrase – the Daily Mail – it was adopted with pride by all sides of the 'Votes for Women' movement.

3. Madame Yevonde, *In Camera.* The Women's Book Club, 1940, p.37.

4. *In Camera*, 1940, p.68.

Figure 1
Self Portrait with Tricorne Hat, 1925

becoming available to women during this period as a result of the changing social and political climate and she considered, but then discounted, becoming a doctor, architect, writer, actress, nurse, and farmer. Inspired by a newspaper advertisement for an assistant in a top London photographic studio, she decided rather impetuously, at the age of seventeen, to become a photographer. Indicative of the role that photography would play later in her life, she rejected an opportunity to work with Lena Connell, the veteran photographer of the Suffragette Movement, favouring instead the 'leading society photographer' of the day, Lallie Charles.

It was an era when women were beginning to establish themselves successfully as professional photographers, both in and outside the formal confines of the studio. As the top society photographer of the Edwardian era, Lallie Charles introduced Yevonde early to the vicissitudes of life as a professional studio photographer. The most important lessons which Yevonde learnt whilst there were the elementary social skills she was to use for the rest of her career, namely, how to handle the demands of aristocratic and sophisticated clients, and construct a fictional world of glamour and beauty to satisfy their desires. After a year working in Lallie Charles's Curzon Street studio, Yevonde was eager for more practical experience in print production, and asked to be transferred to 'the Works' where she learnt how to spot and retouch prints.

ESTABLISHING HER OWN STUDIO

By 1914, spurred on by her realisation that Lallie Charles's heyday was over and that her romantic Edwardian treatment of women as submissive objects of beauty no longer reflected the new aspirations of women, Yevonde decided to set up on her own. She was determined that the time was right to create a more contemporary approach to studio portraiture, since "people were getting tired of the artificial roses, of the Empire furniture and Chippendale chairs. The lattice window was old-fashioned and the bearskin bored them stiff. They grumbled at the lack of variety of poses"[4].

Persuading her father to provide the capital, she rented an inexpensive studio in Victoria and began work under the title 'Madame Yevonde – Portrait Photographer'. Decorated with bright orange curtains and lampshades, the studio interior could not have been more different from the rose-tinted atmosphere of Lallie Charles's. Despite the fact that she had taken only one photograph at her previous employer's studio, she quickly taught herself the basics of photography. Business flourished until the war broke out, and after a brief period of general uncertainty, gradually recovered. In early 1916, however, feeling that she should be doing more to help the 'national cause', she arranged for someone to stand in at the studio and joined the Land Army. Whilst enjoying the opportunity to work on the land, Yevonde found the work gruelling and being in the position of an 'employee' very unsatisfactory [5].

5. For a full description of her experience, see chapters VII-XI in her autobiography.

SOCIETY PORTRAITURE IN THE TWENTIES

Returning to her studio in 1917, she was fortunate enough to attract a range of new sitters – from the theatrical and literary stars of the day to eminent figures from the British aristocracy. This was of course the élite sector of society which society photographers catered to. Just as Reynolds and Gainsborough had been commissioned in their time by rich patrons to record them in paint, so from the beginning of photography in the mid-nineteenth century, photographers had been employed mainly to flatter their subjects in photographic reproduction.

During the early twentieth century, however, rival developments had taken place which changed the expectations and context of society portraiture. New glossy, richly illustrated magazines, such as *The Sketch*, *Tatler* and later *The Bystander*, were introduced which were exclusively devoted to celebrating the lifestyles and pleasures of café and theatre society. New horizons were also opened up by the arrival of fashion magazines from America, such as *Vogue* in 1916 and *Harper's Bazaar* in 1929, featuring the innovative work of new young fashion photographers such as Hoyningen-Huene and Cecil Beaton.

All these print media reflected the new appetite for sexual experimentation of the twenties, linked to the popularisation of Freud and the general predilection for all things daring and unconventional – bobbed hair, short skirts and the rejection of Victorian strictures. It was the dawn of the modern era when sexuality was openly discussed. In literary bohemias from Taos, New Mexico and Harlem, New York to Bloomsbury, London, bi- and homosexuality were to leave their mark on a good deal of twentieth century literature, painting, poetry, drama and music.

6. See Dorothy Wilding, *In Pursuit of Perfection*. Robert Hale Ltd, 1958, chap. 3.
Retouching was also widely practised although opinion was divided about its efficacy. Wilding for example defended it sternly, arguing that it stripped the face of the angularities caused by studio lighting.

7. After returning to the USA in 1929 having spent four years in Europe, Outerbridge started researching colour processes. He perfected the carbro-colour technique, which whilst very expensive to produce, resulted in works whose colour range, flesh tones and fidelity could hardly be rivalled. See Graham Howe and Ray Hawkins, *Paul Outerbridge*. Thames & Hudson, 1978.

8. Invented by the leading chemist of the time, Dr Spencer, in conjunction with the works manager, Frank Coppin, the Vivex colour process used three quarter-plate negatives (magenta, cyan and yellow) which were superimposed for printing to give a full colour range. It is interesting to note that Kodachrome and Dufaycolour, likewise introduced in the early thirties, never achieved the superior results and absolute permanence of other processes.

No less important was the impact of the new art of cinema, the rise of Hollywood and the emergence of actresses such as Marlene Dietrich and Greta Garbo. As a result of the promotion of screen celebrities in magazines and on postcards, women in general no longer wished to be photographed like matriarchs, whilst their theatrical sisters were glamorised. The time was ripe for the camera to move into the heightened world of idealised reality, dream, fantasy and myth.

Competition in this area was rife by the mid-twenties, with Bertram Park, Hugh Cecil, and the Lenare studios claiming distinction alongside well-known women photographers such as Dorothy Wilding and Yvonne Gregory. Pressure on the studios was intense to invent new tricks and techniques to secure custom and establish a house style. Complimentary sittings were offered as inducements to undertake a complete series of portraits. With allowance made for costume changes and the labour involved in varying the lighting and backgrounds, studios could often only manage two sittings per day. Lighting and background became the key areas of innovation and debate. Deploring the Rembrandtesque effects of dramatic light and shade, Dorothy Wilding introduced artificial light to achieve greater control[6]. Yevonde found that the arc lighting which she had been using throughout the twenties caused her eczema, and had to abandon it in the thirties. On top of all this was the expectation that colour photography was just around the corner.

COLOUR

Experiments abounded with Hugh Cecil inventing a system called Polyphoto, whilst Lenare visited Berlin to learn the Bromoil transfer system. In 1933, the American-born photographer Lee Miller made an excursion into colour with her brother Erik, but the experiment soon defeated them. For most photographers, with a few notable exceptions such as Paul Outerbridge, colour was a passing fad in the early thirties, and one which did not sustain their interest[7].

Long constrained by the limitations of black and white, Yevonde began looking in the early thirties for a way to create images in colour. Experimenting over the course of the next decade with the new Vivex subtractive colour process[8], she embarked on an unprecedented period of creative activity. Whilst by the mid-thirties colour had become widely accepted in America, the British were slow to appreciate its appeal, considering it unnatural. Yevonde's advocacy of the new medium was celebrated in a number of important lectures she gave to the RPS and PPA during the thirties[9], in which she railed against "the prejudice, still undefined, against colour photographs. Sitters used to faint with horror at the mere suggestion of a colour portrait...our colour sense has become atrophied from years of disuse". She concluded one of her lectures "technical efficiency is a commonplace in our modern world, but the person who will use their imagination is rare... we have nowhere to turn for help or guidance, we have no history or tradition, no Old Masters, but only a future! And I think that is rather exciting"[10].

Despite her false pleading, Yevonde was conscious that a painting and photography tradition did exist, on which she could draw for inspiration[11]. She embraced her early colour experiments with an enthusiasm and zeal equalled only by the pioneers of monochrome photography. Just as her 19th century forbears, Julia Margaret Cameron and Lady Hawarden, regarded the new 'art' of photography as an enormously rich field for experimentation, introducing striking fabrics, backgrounds and chiaroscuro effects to provide variety and mood, so did Yevonde implore others to follow her example and "have a riot of colour, none of your wishy-washy hand–tinted effects". Her autobiography is replete with anecdotes relating the lengths to which she went, with her assistants, to locate exactly the right sort of prop, material, flower, or coloured background to enable her to realise her ideas. In defining her intentions as 'pictorial' rather than photographic, she was keen to draw attention to the formal and tonal values which informed the work, considering the technical procedures employed to create them as merely a means to an end. Convinced that photography was both an 'art and a science', it was the artifice of photography – its ability to transcend reality, to erode the distinctions between fact and fiction – which appealed to her most.

Yevonde shared her love of artifice and a directorial approach to colour photography, in which everything is staged for the camera, with her British contemporaries Cecil Beaton and Angus McBean. Like them, she also flirted with the frothy, essentially high camp Baroque style of the mid-thirties, which was characterised by a penchant for dressing up, a devotion to all manner of excess, glamour and decoration, expressed through a love of sensual materials and extravagant colour [12].

9. Yevonde joined the Institute of Incorporated Photographers in 1919 and was the first woman to address the Professional Photographers Association in 1921. She exhibited with the Royal Photographic Society at their annual exhibitions from the mid-twenties.

10. Reported in *The Photographic Journal*, March 1933, p.118.

11. In 1921 she had researched a lecture on the history of women photographers and became one of the early champions of the work of Julia Margaret Cameron. "Isolated and exceptional women have always broken through the artificial sex barrier...women have been closely connected with photography almost since its birth. Mrs Cameron for one was doing splendid work back in the 1860's. She was a brilliant pioneer who photographed nearly all the eminent men and women of her day" (quoted in Kate Salway, *Goddesses and Others*, p.18).

12. Beaton's passion for role
playing and dressing up was
epitomised by the "fêtes
champêtres" which he staged
at his country house, Ashcombe,
during the thirties. As Beaton's
chief critic and champion
Philippe Garner has pointed out,
it dominated all other aspects of
his life and career – from theatrical
productions and film sets to
his fashion photography and
aristocratic portraits.

13. *In Camera*, 1940, p.243.

Figure 2
Catalogue number 43
Machine Worker in
Summer, 1937

FEMALE ARCHETYPES AND THE BODY

In both her monochrome and colour work, Yevonde employed role-playing and dressing up to explore issues surrounding women's social and sexual roles. From her early self-portraits – dressed in tricorne hat (1925) (fig. 1) and disguised as a harlequin (1930) (fig. 8) – to her famous colour self-portrait with Hecate (1940) (plate no. 25), she reinvented herself in the guise of various characters. Her initial championship of women's causes translated itself during the thirties into an exploration of the way in which women transgress their prescribed social roles. This is evident in the range of female archetypes she concentrated her camera on during this period, which were both real and imagined – from images of famous stage idols, a landgirl, a motor racing heroine and a window-dresser to fictional types, such as the bride-madonna, allegorical women (*Goddesses*) and Nefertiti.

In reflecting the new range of role models available to women, Yevonde did not shy away from the more problematical area of female sexuality. Her studies of the female nude were motivated as much by her interest in the equivocal nature of female sexuality as by her expressed concern to emulate Man Ray's technical success in "treating a nude body as an object on which to experiment with light and shade"[13].

Yevonde's entreaty to photographers to look carefully at art historical masterpieces from the past is clearly fulfilled in her own nude studies. *Machine Worker in Summer* exhibited at The Royal Photographic Society in 1937, with its direct compositional references to Vermeer, together with the rococo colouring of Boucher and Fragonard, is most likely to have been considered by Yevonde as an 'artistic' work[14]. The French 19th century painter, Jean-Dominique Ingres being someone she admired, it is possible that the turbaned head of the green nudes (plate no. 15) may have been influenced by the painter's 'Turkish Bath', with the notable difference that here the nude appears to be black rather than white[15]. Experimenting with the selective character of the lens and differential focus of the camera transformed the image into an abstract orchestration of forms and colours, closely resembling the Italian Futurist painter, Giacomo Balla's representations of speed and movement. While the focus of attention seems to be diverted from a voyeuristic to pictorial interest in the subject, the nude remains a coy and unthreatening figure. There are however hints here, as well as in the three tattoo studies and some of the *Goddesses* series, which reveal that Yevonde's interest in the female body went far beyond the superficial constraints imposed by costume and exterior decoration.

Whilst using colour photography to explore the technical and narrative possibilities of the medium, Yevonde also carefully chose subjects for her independent work which reflected her broader interest in the issue of women's place in contemporary society, as well as the relationship between the sexes. As a teenager, Yevonde had rejected the idea of marriage – by her mid-twenties, influenced by what she had experienced and seen during the war, she fell deeply in love with the playwright Edgar Middleton. The marriage as described in their separate autobiographies[16] may not have been altogether happy, with Edgar announcing on their honeymoon his distaste for the idea of having children. An enormously sociable woman, Yevonde also found her life with Edgar rather limited by his intense desire for solitary work. That she found an outlet in both her professional life and associated activities, such as her continuing involvement in the women's cause, is clear from her writings.

In 1936, for example, she was invited to attend, along with 250 delegates from America, Europe and Asia, an important international conference in Paris organised by the Business and Professional Women's Federation and to speak on the subject of "women's contribution to the modern world". The highlight of the conference occurred when a group of French women, operating in support of their suffragette principles, denied the French (woman) Cabinet Minister a chance to speak. (In France, women could sit in Parliament but still did not have the vote). Yevonde found the conference invigorating since "I was able to recapture a little of my enthusiasm for the prewar suffragette days when votes for women seemed so vital that we were certain it meant the reform of the world, that is, disease and poverty would be abolished and the marriage question settled for all time".[17]

These issues may have been preoccupying her when she began work on an unusual series of tattooed arms. Always seen as a means of marking one's position in a particular social group, interest in tattooing underwent a revival in Europe during the early 20th century, especially amongst the upper classes, following the

14. Rather than a speculative proposal for a Singer sewing machine advertisement, as suggested on the envelope containing the negatives.

15. This may be due to the 'negrophilia' (interest in black art and creativity as exemplified by the actress, Josephine Baker) then current in Europe.

16. Edgar's autobiography *I Might Have Been A Success* does not even mention his marriage and contains chapters entitled 'Why I hate women' and 'Women aren't wonderful'.

Figure 3
Catalogue number 54
Tattoo Study I (female hands and fruit tree), 1938

17. *In Camera*, 1940, p.281.

18. See for example, W. D. Hamby, *The History of Tattooing*. 1925 (republished 1974).

19. Indicative of her disquiet with current mores and her interest in exploring new role models for women to help them lead satisfying lives is her statement in the concluding chapter of her autobiography that "If I had to choose between marriage and a career, I would choose a career... but I would never give up being a woman".

Figure 4
Catalogue number 55
Tattoo Study II
(man tying knot), 1938

publication of the first anthropological studies on the subject[18]. Limbs and other appendages such as arms, hands and legs often figured as the subjects of (usually humorous) editorial features in society magazines during the period, but it would appear that Yevonde's various studies featuring tattooed arms might have served a personal rather than commercial agenda. Narrative, which is at the heart of Yevonde's endeavour, remains open-ended in her independent work but does invite the viewer to speculate on possible personal meanings.

Tattoos and sailors knots, with their connotations of male bravura, virility and masculinity were hardly neutral symbols. The very act of tattooing and almost all the designs (be they snakes, dragons or other reptiles) imply a very strong sexual impulse. Those designs reserved particularly for women, such as butterflies or spiders webs, are replete with symbolic meanings of capture and ensnarement. Combined with knots, representing links and binding, these studies appear to explore the relationship between the sexes, specifically women's fate. In the three studies illustrated (figs. 3, 9, 4), the possible choices open to women are Temptation (woman picking a fruit from the Tree of Knowledge), Matrimony (a male and female hand literally 'tying the knot') and Homosexuality (where the two arms are portrayed as drawing together a knot)[19].

Yevonde's public and private 'face' fuse in her last self-portrait in colour (1940) (plate no. 25). Objects that allude to her professional career (the photographic chemicals and equipment in the foreground) sit ambiguously alongside those of a more personal symbolic nature, such as the blue butterfly and ominously heavy chained key necklace. The mood is melancholic, in no small part due to the death of her husband a few months prior to the outbreak of war and the closure of the Vivex processing plant (and with it the end of her colour photography). In addition to her own self-portrait there are two other portraits – a negative of an unidentified sitter, and above her, the goddess Hecate ('she who works her will'). Whether these two works were chosen as particular favourites of Yevonde's or subconsciously reveal different aspects of Yevonde's private persona is open to question[20]. Less incontrovertible is her insistence on celebrating photography's status as the equivalent of painting, by placing herself (proudly holding a negative) inside a traditional gilt frame.

THE BACKGROUND TO THE GODDESSES

References to classical art and contemporary Surrealism pervade the series of society beauties transformed into famous Greek and Roman Goddesses, which Yevonde began in 1935[21]. Whilst claiming in her autobiography that her inspiration for the series derived solely from the 18th century painters' idea of depicting beauties as Greek goddesses, it would appear that its immediate impetus came from the Olympian Ball held at Claridges in March 1935, at which famous celebrities and society ladies appeared in costume as mythological characters[22]. Such masked balls and charity functions were considered important highlights in the social calendar of most society women. Searching for a subject which would provide the basis for an 'intimate' exhibition to launch her new studio in Berkeley Square, a highly fashionable area off Bond Street, Yevonde hit on the subject of goddesses as "an interesting subject which would give great scope"[23].

Yevonde had long realised that to be a success, both commercially and creatively, in the highly competitive field of photography, the portrait photographer had to "be original or die". In a famous lecture delivered in May 1936 on the subject of "the future of portraiture – if any", Yevonde analysed the reasons for the decline in demand for portrait photography (competition from department stores; the introduction of new, cheaper cameras which encouraged the development of amateur photography) and claimed that novelty, originality and imagination were the chief ingredients for success[24]. In arguing that colour portraits are more comparable to a painting than a passport photograph, she took the unusual step of printing her works large – 15 x 12 inches – so that, akin to today's trend towards editioning of works, they would become "something precious – not doled out in dozens like cabinets or cartes de visite"[25]. Admitting that "it is easy to become bored with faces...with photography and the studio...", Yevonde recommended "frequent visits to picture galleries as a means of offering ideas and suggestions".

Although she was aware of the work of contemporary Surrealists, both through exhibitions of Man Ray (in 1934 at the Mayor Gallery) and through the widespread availability from 1929 onwards of the main continental magazines of the Surrealist Movement, Yevonde was perhaps too pragmatic and classical in her approach to photography to capitulate wholeheartedly to the core Surrealist principles of

20. Yevonde did in fact consider *Hecate* the "most interesting" of all the *Goddesses* series. See *In Camera*, 1940, p.235.

21. Neoclassicism was very much in the air in all fields of the arts. Various photographers whose work would have been well-known to Yevonde employed classical references in their work, such as George Hoyningen-Huene, the fashion photographer who used classical motifs such as columns, busts and blow-up photographs of Greek ruins in some of his most celebrated images of the thirties.

22. Widely reported in the society press, Yevonde would definitely have seen pre-publicity for it in *The Bystander*, February 1935 with photographs by Sacha.

23. Yevonde moved into the fashionable West End in 1933. Her new studio in Berkeley Square, just off Bond Street, "beat Victoria for charm and elegance" and she remained there until 1955.

24. Reported in the *British Journal of Photography*, 29 May 1936, p.340.

25. *In Camera*, 1940, p.187.

26. The disjuncture of scale, play with perspective, reference to classical busts and the sea in her *Still life – July* (fig. 5) and *Still life with bust of Venus* (fig.10) point more to the influence of the Surrealist predecessor, Giorgio de Chirico.

Figure 5
Catalogue number 52
Still Life – July, 1938

rupture, chance, dreams, automatism and the role of the unconscious. However superficial and short-lived her involvement, Yevonde did nonetheless absorb certain elements of Surrealist iconography and compositional conventions from the Dali/Tanguy oneiric side of the movement into her still lifes and Goddesses series[26].

Irony, which was an essential element of Surrealist photography, is everywhere apparent in the *Goddesses* series – the high camp mood, exaggerated expressions and artificiality of the props all serving to parody the genre of society portraiture. The identity of the sitters, which would have been well-known to her viewers, was an important aspect of this satire, highlighting the incestuous nature of British aristocratic circles. All sides of the political spectrum were represented, with Lady Diana Mosley, wife of the fascist leader Sir Oswald Mosley, portrayed as *Venus* (plate no. 3) alongside Mrs Anthony Eden, wife of the Tory Foreign Secretary, ironically designated as the *Muse of History* (plate no. 5).

This was not the only occasion on which Yevonde referred to political divisions and class barriers. In her 'documentary' series on the Queen Mary (plates no. 9 to 12), commissioned by the influential *Fortune* magazine in 1936, she was instructed to photograph the last days of the fitting out of this brand new luxury liner. The resulting images look more staged than documentary, with carpenters, electricians and overseers in cloth caps appearing like characters from a film still. Sympathetic towards the plight of these workers, who had endured many years of unemployment, Yevonde hints at the social and sexual divide by photographing the society painters, Anna and Doris Zinkeisen, behind a screen, separated – at Doris' insistence – from the manual workers by ladders and other props (plate no. 11)[27].

ADVERTISING AND COMMERCIAL WORK

Prior to the thirties it was rare to find a photographer who did not specialise but worked across the entire range of practice – from portraiture to advertising, fashion and documentary. The changed economic climate of the thirties necessitated such flexibility, and Yevonde, as a shrewd businesswoman, accommodated these new demands. Spurred on from the mid-twenties by the arrival of American agencies in London, it was an age when advertising photography burgeoned. Following an exhibition of her colour work at the Albany Gallery in 1932, which was itself unique in that it was the first exhibition of colour portraits to be held in Britain, interest from advertisers in Yevonde's work increased. Although she felt constrained by commercial dictates, Yevonde undertook a large number of assignments, ranging from lingerie to Lanoline.

Carefully staged interiors, featuring single women posed in idiosyncratic attire, reflected the new independent woman of the thirties – a well-dressed model brazenly smoking a cigarette whilst shelling peas (plate no.13) or a landgirl resting after a day's toil contemplating the pleasures of Lanoline. Even more imaginative solutions are brought to bear on other subjects – ENO's salts lose their commercial imperative to form plastic elements within a Leger-inspired still life (plate no.18). Almost as much formal rigour is evident in the arrangement of objects and colour harmonies in the Glyco-Thymoline advertisement (plate no.21), except that here a direct reference is made to the approaching onset of war with the inclusion of the owl (symbol of night, an omen of misfortune), steel helmet and fire bucket. A disembodied leg (fig. 7), lacking the obligatory sense of Surrealist menace, is proudly used to advertise hosiery; whilst orchids (fig. 6), masks and fabrics (fig.11) are displayed to signify the lifestyle of High Society.

AN INTIMATE EXHIBITION – GODDESSES AND OTHERS

Despite the undeniable boost to her career which she derived from the *Fortune* commission[28], due to its widespread circulation in America, it was really only in her personal work that Yevonde reached her full creative powers. In particular it was with the *Goddesses* that she found the greatest opportunity to combine fact and fantasy and fully realise the potential of colour. Colour is used here not only to exploit the natural beauty of the sitters and emphasize their sexual allure, but also to create the particular character of the goddess invoked.

Yevonde threw herself wholeheartedly into experimenting with this completely new and unpredictable medium, with outstanding results. Her understanding of the technical, visual and emotional appeal of colour was instinctive and encouraged her to take enormous risks. "Primary colours are easy to photograph, but anything on the edge of the spectrum – greeny-blue, bluey-green, purple or wine – is much more difficult...to obtain greater variety of effect I put coloured

27. "Doris was so embarrassed by the men's interest that she erected a sort of tent for protection.
I photographed her at work half-hidden behind a ladder".
In Camera, 1940, p.222.

28. Founded in 1930 by the American publisher Henry Luce, *Fortune* magazine was essentially a business magazine which did much to promote design as an important adjunct to the business economy.

Figure 6
Catalogue number 42
Still life – Orchid, 1937

29. *In Camera*. 1940, p.187.

30. That more than 23 seem to exist may be due to the fact that some of the goddesses, such as *Arethusa*, appear in two very different poses.

31. *In Camera*, 1940, p.234.

Figure 7
Catalogue number 47
Untitled advertisement
for hosiery, 1938

filters over some of my tungsten lights. This upset the balance of my three negatives a little but gave interesting results. Later on, I covered the whole of my lens with blue cellophane paper in an attempt to achieve a certain blue effect. I did not alter my exposures, with the result that the negatives were horribly out of balance. The printers expostulated...but the result was very beautiful"[29].

This series also allowed her free rein to continue her exploration of specifically female issues by identifying historic role models whose attributes, be they strength, courage, suffering, or narcissism, could be seen to be shared by modern women. Selecting in all around 23 different goddesses[30], Yevonde then chose the appropriate society lady to express the qualities of the particular goddess. Clothing, props, choice of pose and expression were all carefully stage managed by Yevonde. Many of her artist-friends supplied her with accessories for her work, but it was her own dedicated assistant, Mrs Ken Wood who was usually left with the task of locating some of the more difficult items – such as the bull's head, or rubber snakes for *Medusa*'s head (plate no.1). Anecdotes related in her autobiography give the impression that the good humour, high camp drama and mock tragedy of the final images were essential ingredients in their making.

Lady Campbell, for example, was chosen for the role of *Niobe* (plate no. 2) because of her beautiful eyes. Yevonde wished to "take a large (i.e. full-frame) head, expressive of the misery and suffering she had experienced through the death of her children," with "no background and nothing symbolic". Try as they might using glycerine, Niobe's tears would not "stay put". "We tried a little Vaseline with the glycerine. This was better but looked lumpy and not sufficiently transparent. So we tried more glycerine and unfortunately this time it got into her eyes and caused such exquisite pain that Dolly wept real tears...when at last she looked up her eyes were bloodshot and her expression so miserable that I rushed the focus and was able to take a face expressive of the utmost sorrow and pain. This picture was in some ways the best in the exhibition"[31]. Whether Yevonde realised its remarkable similarity to Man Ray's famous image with glass tears of 1930 is unclear, but it remains unmentioned in her autobiography.

From the cold, penetrating gaze of *Medusa* (plate no.1) through to the romantic innocence of *Flora*, paralleled by the militant androgyny of *Minerva* (plate no. 6) and its counterpoint, the coy submissive figure of *Venus* (plate no. 3), Yevonde succeeds in exploring a wide range of female personae. It is not altogether surprising that a new contemporary audience, brought up on a diet of Cindy Sherman, Pierre & Gilles and Nan Goldin, all artists who use photography to construct new identities, have rediscovered Yevonde, delighting in the artifice, humour and camp sensibility of her work[32]. At the same time, her colour photographs remain firmly rooted in the thirties with its "remarkable coexistence of contrary tendencies and tastes – depression and lavish spending; earnestness and frivolity; and an intense left-wing idealism in the face of rising fascism"[33]. *Crisis* (plate no. 24), her last work completed before the start of the war, is clearly prophetic, inviting speculation on what is represented by the figure of the Roman general wearing a gas mask, accompanied only by a bright red geranium which has lost some of its petals. With the closure of the Vivex processing plant as its staff was drafted into the army, this vivid image foreshadows a change in national and personal fortunes, as the country went to war and Yevonde was forced to surrender forever her beloved Vivex colour photography.

BRETT ROGERS

32. Yevonde's 'repositioning' within this new context can be seen by her inclusion in a recent exhibition *A Rrose is a Rrose is a Rrose – Gender Performance in Photography* organised by the Guggenheim Museum, 1997.

33. Quoted in Steven Calloway, *Baroque: the Culture of Excess*. Phaidon, 1997.

BIBLIOGRAPHY

Madame Yevonde, *In Camera*. The Women's Book Club, 1940 (originally published by John Gifford Ltd).

Edgar Middleton, *I Might Have Been A Success*. Stanley Paul & Co. Ltd, 1935

David Mellor, *Modern British Photography*. Arts Council of Great Britain, 1981.

Pam Roberts and Robin Gibson, *Madame Yevonde*. National Portrait Gallery, 1990.

Kate Salway, *Goddesses and Others: Yevonde – A Portrait*. Balcony Books, 1990.

Val Williams, *Women Photographers: The Other Observers, from 1900 to the present*. Virago, 1986.

1. Aunque sus certificados de nacimiento y matrimonio registran su nombre como 'Yevonde Cumbers', muchas veces aparece su nombre como Edith Plummer en la bibliografía. Véase, por ejemplo, Val Williams, *Women Photographers: The Other Observers, from 1900 to the Present*. Virago, 1986, p.90.

2. A pesar del sentido peyorativo que se dio a la palabra 'sufragista' en 1906 por el periódico que lo había inventado – El Daily Mail – era un término de orgullo para todos los que participaron en el movimiento del 'voto para la mujer'.

3. Madame Yevonde, *In Camera*. The Women's Book Club, 1940, p.37.

SER ORIGINAL O MORIR – LA VIDA EN COLOR DE YEVONDE

Yevonde Cumbers nació en Streatham, un barrio del sur de Londres, en 1893 en una familia próspera[1]. Tuvo la infancia fácil típica de muchas familias de clase media de la época, basada en un calendario regular de fiestas de disfraces y visitas al teatro. Fue a una escuela moderna y progresista con su hermana menor Verena en el pueblo de Lingholt, condado de Surrey, y a los dieciséis años a una escuela religiosa en Bélgica. Fue aquí, y después en París, donde descubrió, provocado por el aburrimiento de sus estudios, una de las pasiones más grandes de su vida, el movimiento sufragista[2].

Cuando Yevonde se interesa por el movimiento del 'voto para la mujer', éste estaba entrando en su fase de campaña más pública y volátil al dividirse en dos tácticas diferentes, por una parte la WSPU (Women's Social and Political Union) dirigida por Emmeline Pankhurst que proponía la acción militante directa, y por otro lado la NUWSS (National Union of Women's Suffrage Societies) que se limitaba a las manifestaciones pacíficas y legales. En 1909 aumentó la militancia, los manifestantes se encadenaban a las barandas, las figuras públicas eran acosados y muchos militantes fueron presos.

Al regresar a Gran Bretaña de Francia, Yevonde se dedicó con pasión al movimiento, distribuyendo panfletos, participando en manifestaciones y organizando reuniones de salón para reclutar nuevos miembros. Admiraba mucho la fuerza y el coraje de las dirigentes sufragistas, sobre todo las que habían ido a la cárcel por sus principios, pero enseguida se dio cuenta de que no tenía suficiente fuerza de voluntad para dedicar su vida a la causa. "Con muchas ganas hubiera quemado iglesias, destrozado buzones y me hubiera embarcado en una carrera de crueldad y violencia para reivindicar la libertad política, pero tenía pánico a la cárcel, a la huelga de hambre, y a la alimentación forzada. Me seducía mucho el papel de mártir pero no tenía el coraje para llevarlo a cabo"[3].

Sin embargo, tenía claro que "ser independiente es lo mejor de la vida", así que decidió buscar una carrera que le diera una independencia económica y profesional absoluta. Como resultado del cambiante clima social y político en esta época estaban surgiendo varias alternativas profesionales para una mujer y consideró y rechazó ser médica, arquitecta, escritora, actriz, enfermera, y agricultora. Alentada por un anuncio de periódico buscando ayudante para un estudio importante de fotografía en Londres, decidió de una forma bastante impetuosa, con diecisiete años, hacerse fotógrafa. Como muestra ya del papel que jugaría la fotografía en su vida posterior, rechazó una posibilidad de trabajar con Lena Connell, la fotógrafa veterana del movimiento sufragista, para dedicarse a la "principal fotógrafa social" de la época, Lallie Charles.

4. *In Camera*, p.68.

Figure 8
Self portrait as Harlequin, 1925

Esta era una época en la que las mujeres empezaban a establecerse con éxito como fotógrafas profesionales, tanto dentro como fuera de los límites formales del estudio. Al ser la fotógrafa social más exitosa del período eduardino, Lallie Charles pudo mostrarle a Yevonde las viscitudes de la vida de un fotógrafo de estudio profesional. La lección más importante que aprendió Yevonde allí era la de las normas sociales básicas que iba a utilizar el resto de su vida, es decir cómo tratar con clientes aristocráticos y sofisticados, y cómo construir un mundo ficticio de elegancia y belleza para satisfacerlos. Después de haber pasado un año en el estudio de Lallie Charles en Curzon Street, Yevonde quiso tener más experiencia en los aspectos prácticos de producción, y solicitó ser transferida a 'la fábrica', donde aprendió a retocar las fotografías.

EL MONTAJE DEL ESTUDIO PROPIO

En 1914, convencida de que la era de Lallie Charles tocaba a su fin y que su tratamiento eduardino romántico de las mujeres como objetos sumisos de belleza ya no encajaba con las nuevas aspiraciones femeninas, Yevonde decidió establecer su estudio propio. Estaba convencida de que era el momento para crear una actitud más contemporánea frente a los retratos de estudio ya que "la gente se estaba cansando de las rosas artificiales, de los muebles estilo imperial y de las sillas Chippendale. La ventana con reja era anticuada y la piel de oso aburría. Se quejaban de la poca variedad de poses"[4].

Convenció a su padre de que pusiera el capital, alquiló un estudio accesible en el barrio londinense de Victoria y empezó a trabajar bajo el titulo de 'Madame Yevonde – Portrait Photographer'. Decoró el estudio con cortinas y lámparas color naranja intenso, lo cual no podría distanciarse más del ambiente discreto del estudio de Lallie Charles. A pesar de haber realizado una única fotografía en el estudio de su jefa anterior, tardó poco en aprender los fundamentos de la

5. Para una descripción más completa de esta experiencia, véase los capítulos VII-XI de su autobiografía.

fotografía. El negocio funcionó bien hasta estallar la guerra y tras un breve período de incertidumbre general, se recuperó poco a poco. A comienzos de 1916, al sentir que podría hacer más por la 'causa nacional', consiguió que alguien se quedara a cargo del estudio y se incorporó al ejército de tierra. A pesar de gustarle la oportunidad de trabajar en el campo, encontró que el trabajo era demasiado fuerte y no le satisfacía la situación de 'subordinada'[5].

LOS RETRATOS SOCIALES EN LA DÉCADA DE 1920

Al volver a su estudio en 1917, tuvo la suerte de atraer a una nueva clientela, desde estrellas del teatro y la literatura a figuras eminentes de la aristocracia británica. Este era por supuesto el sector de la sociedad de elite para la cual existían los fotógrafos sociales; así como Reynolds y Gainsborough en su época eran contratados por clientes ricos para retratarlos en pintura, desde a invención de la fotografía a mediados del siglo XIX, los fotógrafos eran contratados en su mayoría para favorecer a sus clientes a través de la reproducción fotográfica.

Sin embargo, a comienzos del siglo XX surgieron elementos que cambiaron las expectativas y el contexto de los retratos sociales. Nuevas revistas lujosas y llenas de ilustraciones como *The Sketch*, *Tatler* y más tarde *The Bystander* aparecieron para dedicarse exclusivamente a celebrar los estilos de vida y placeres de la sociedad de los cafés y los teatros. Se abrieron nuevos horizontes con la llegada de revistas americanas como *Vogue* en 1916 o *Harper's Bazaar* en 1929 en las cuales figuraba el trabajo innovador de nuevos fotógrafos sociales jóvenes como Hoyningen-Huene y Cecil Beaton.

Todos estos medios impresos reflejaban un nuevo interés por la experimentación sexual en la década de 1920, como parte de la difusión de los principios freudianos y el gusto general por todo lo que fuera arriesgado e inusual – pelo corto, faldas cortas y el rechazo a la disciplina victoriana. Era el nacimiento de la era moderna en la que se debatía la sexualidad de forma abierta. En los mundos bohemios literarios de Taos, Nuevo México, Harlem en Nueva York y Bloomsbury en Londres, la bisexualidad y la homosexualidad dejaron huella en mucha literatura, pintura, poesía, teatro y música del siglo XX.

Igual de importante era el impacto del nuevo arte cinematográfico, el surgimiento de Hollywood y la aparición de actrices como Marlene Dietrich y Greta Garbo. Como resultado de la promoción de estrellas de cine en las revistas y en tarjetas postales, las mujeres en general ya no querían ser fotografiadas como matronas cuando sus hermanas en el mundo del teatro eran tan elegantes y sofisticadas. Era hora de que la cámara entrara al mundo exaltado de la realidad idealizada, del sueño, de la fantasía y del mito.

Había mucha competencia en este campo a mediados de la década de 1920 con Bertram Park, Hugh Cecil y los Estudios Lenare emergiendo al lado de conocidas mujeres fotógrafas como Dorothy Wilding y Yvonne Gregory. Existía mucha presión en los estudios para inventar nuevos trucos y técnicas para conseguir nuevos clientes y establecer una marca de la casa. Se ofrecían sesiones gratis para inducir al cliente a pedir una serie completa de retratos. Para permitir los cambios de vestuario y todo el trabajo que significaba variar la iluminación y los fondos, los estudios generalmente solo podían hacer dos sesiones por día. La iluminación y los fondos se convirtieron en las áreas más importantes de innovación y debate. Dorothy Wilding detestaba los efectos de claroscuro tipo Rembrandt e introdujo la iluminación artificial para tener mayor control[6]. Yevonde descubrió que la iluminación de arco que había utilizado durante la década de 1920 le provocaba eczema y por lo tanto la abandonó en la década de 1930. Además, estaba convencida de que la fotografía en color estaba a punto de estallar.

COLOR

Proliferaban los experimentos: la invención del sistema Polyphoto por Hugh Cecil, Lenare visitó Berlin para aprender el sistema de transferencia Bromoil. En 1933, la fotógrafa Lee Miller, nacida en Estados Unidos, hizo un experimento de color con su hermano Erik, pero se vieron superados por el intento. Para la mayoría de los fotógrafos, con algunas excepciones notables como Paul Outerbridge, el color era una moda pasajera a comienzos de la década de 1930, algo que no valía la pena seguir[7].

Al sentirse frustrada por las limitaciones del blanco y negro, Yevonde empezó a buscar a comienzos de la década de 1930 una forma de crear imágenes con color.

6. Véase Dorothy Wilding, *In Pursuit of Perfection*. Robert Hale Ltd, 1958. Capítulo 3. Se utilizaba mucho el retoque aunque se debatía su eficacia. Wilding por ejemplo lo defendía con empeño, argumentando que sacaba la angulosidad de la cara causada por la iluminación de estudio.

7. Al regresar a Estados Unidos en 1929 tras cuatro años en Europa, Outerbridge empezó a investigar procesos de color. Perfeccionó la técnica carbro-color que a pesar de ser costosa, daba como resultado obras que eran casi inmejorables en cuanto a la gama de colores, tonos de piel y fidelidad. Véase Graham Howe y Ray Hawkins, *Paul Outerbridge*. Thames and Hudson, 1978.

8. El proceso Vivex de color fue inventado por el químico más destacado de la época, Dr. Spencer, en colaboración con el jefe de planta Frank Coppin. El proceso usaba tres negativos de cuarto (magenta, cían y amarillo) que se superponían en la impresión para dar una gama completa de colores. Es interesante hacer notar que Kodachrome y Dufaycolour, que también datan de esta época, nunca llegaron al grado de perfección y permanencia de otros procesos.

9. Yevonde se hizo miembro del Institute of Incorporated Photographers en 1919 y fue la primera mujer que dictó una conferencia al Professional Photographer's Association en 1921. Participó en las exposiciones anuales de la Royal Photographic Society a partir de mediados de la década de 1920.

10. La noticia de la conferencia se da en *The Photographic Journal*, marzo de 1933, p.118.

Haciendo experimentos con el nuevo proceso Vivex de color sustractivo durante esta década[8], embarcó en un período inaudito de actividad creadora. A pesar de la aceptación general del color en los Estados Unidos a mediados de la década de 1930, los británicos se resistían, considerándolo poco natural. La defensa apasionada de Yevonde del nuevo medio se manifestó en unas charlas importantes que dictó a la RPS y PPA durante la década[9], en las que atacaba "el prejuicio, todavía sin definir, contra la fotografía en color. Los clientes se desmayan del susto al sugerir un retrato en color...nuestro sentido de color ha sido atrofiado por años de abandono". Terminó una de sus conferencias diciendo que "la eficacia técnica es algo común en nuestro mundo moderno, pero encontrar gente que use la imaginación es raro...No tenemos a dónde dirigirnos para ayuda u orientación, no tenemos historia ni tradición, no existen los maestros clásicos, ¡sólo el futuro! Y pienso que esto es algo estimulante"[10].

A pesar de sus falsas quejas, Yevonde sabía que sí existía una tradición de pintura y fotografía que podía utilizar para inspirarse[11]. Se dedicó a sus primeros experimentos de color con un entusiasmo y una energía cuyo único paralelo podría encontrarse en los pioneros de la fotografía en blanco y negro. Así como sus antepasados del siglo XIX, Julia Margaret Cameron y Lady Hawarden consideraban que el nuevo 'arte' de la fotografía abría una campo enorme para la experimentación, introduciendo telas, fondos y efectos claroscuros nuevos para crear variedad y ambiente, Yevonde también llamaba a seguir su ejemplo y "crear una explosión de color, basta de los efectos insípidos de tinte a mano". Su autobiografía está llena de anécdotas contando hasta qué extremos llegaba con sus ayudantes para localizar el objeto, la tela, la flor o el fondo colorido precisos para que pudiera llevar a cabo sus ideas. Al definir sus intenciones como 'pictóricas' en vez de fotográficas, quería subrayar los valores formales y tonales que funcionaban en la obra, considerando los esfuerzos técnicos que los hacían posibles como simples medios para un fin. Estaba convencida de que la fotografía era tanto 'arte como ciencia', y era la artificialidad de la fotografía – su capacidad de superar la realidad, de confundir las diferencias entre hecho y ficción – lo que le atraía más.

Yevonde compartía su amor por la artificialidad y su actitud de director de escena hacia la fotografía en color – en la que todo se prepara para la cámara – con sus contemporáneos británicos Cecil Beaton y Angus McBean. También compartía con ellos un flirteo con un estilo frívolo, un barroco 'camp' de la década de 1930, caracterizado por el gusto por los disfraces, la devoción al exceso, al glamour y a la decoración, todo lo cual se expresa a través de una pasión por materiales sensuales y colores extravagantes[12].

ARQUETIPOS FEMENINOS Y EL CUERPO

Tanto en su obra en monocromo como en color, Yevonde empleó los disfraces y la representación de personajes para explorar cuestiones que tenían que ver con los roles sexuales y sociales de las mujeres. Desde sus famosos autorretratos, vestida con sombrero tricornio (1925) (fig.1) y vestida como arlequín (1930) (fig. 8), a su conocido autorretrato a color con Hecate (1940) (lámina 25), se reinventó a través de varias personalidades. Su defensa inicial de las causas femeninas se tradujo durante la década de 1930 en una exploración de las maneras en las que las mujeres transgreden sus roles sociales predeterminados. Esto se ve en la variedad de arquetipos femeninos en los cuales se concentró a través de la cámara durante este período, tanto reales como imaginarios – desde imágenes de famosas estrellas de teatro, campesinas, heroínas de motocicleta, y decoradoras de escaparates, hasta personajes ficticios como la esposa-madona, mujeres alegóricas (Diosas), Nefertiti.

Al reflejar la nueva gama de modelos a través de la cual las mujeres podrían renegociar su relación con el mundo real, Yevonde no evitó la zona más problemática de la sexualidad femenina. Su interés por el desnudo femenino tenía como base tanto su interés en la naturaleza ambigüa de la sexualidad femenina como su declarada intención de emular el éxito técnico de Man Ray en "tratar un cuerpo desnudo como un objeto sobre el cual se puede experimentar con la luz y la sombra"[13].

El consejo de Yevonde a los fotógrafos de que se fijen con atención en obras maestras del pasado artístico se realiza claramente en sus propios estudios de desnudos. 'El operario en verano' (fig. 2), exhibido en la RPS en 1937, con sus referencias de composición directas a Vermeer, y su colorido rococó al estilo de Boucher o Fragonard seguramente fue considerada por Yevonde como una obra 'artística'.[14] Tomando en cuenta su admiración por el pintor francés del siglo XIX Jean-Dominique Ingres, es posible que las cabezas con turbante de los desnudos

11. En 1921 había preparado una conferencia sobre la historia de mujeres fotógrafas y fue de las primeras defensoras de la obra de Julia Margaret Cameron. "Mujeres aisladas y excepcionales siempre han conseguido romper la barrera artificial del sexo...las mujeres han tenido que ver con la fotografía casi desde sus orígenes. Para dar un ejemplo, la Sra Cameron hacía un trabajo espléndido en la década de 1860. Era una pionera brillante que fotografió casi todas las figuras importantes de su época". (Citado en Kate Salway, *Goddesses and Others*, p.18).

12. La pasión de Beaton por los disfraces y representación de papeles se expresaba en las 'fêtes champêtres' que organizó en su casa de campo, Ashcombe, durante la década de 1930. Como bien señala Philippe Garner, – el comentarista y defensor principal de Beaton – dominó todos los aspectos de su vida y carrera, desde las producciones teatrales y escenarios cinematograficos hasta las fotografías de moda y los retratos aristocráticos.

13. *In Camera*, 1940, p.243.

14. Más que una propuesta especulativa para un anuncio de máquinas de coser Singer, como sugiere el sobre en el cual se encuentran los negativos.

15. Este puede ser sintomático de la 'negrofilia' (interés por el arte y la creatividad negras) entonces en boga en Europa.

16. La autobiografía de Edgar *I Might Have Been A Success* ni siquiera menciona su matrimonio y tiene capítulos titulados "Por qué odio a las mujeres" y 'Las mujeres no son maravillosas'.

verdes (lámina 15) hayan sido influenciados por el 'Baño turco' del pintor francés, con la notable diferencia de que en este caso el desnudo es negro[15]. Los experimentos de carácter selectivo del objetivo y el foco diferencial de la cámara transforman la imagen en una orquestación abstracta de formas y colores, que se aproximan a las representaciones de velocidad y movimiento del pintor futurista italiano Giacomo Balla. Cuando el foco de atención se desvía de un interés voyeurístico a uno pictórico, el desnudo sigue siendo una figura tímida y mansa. Sin embargo, incluso aquí hay pistas, así como las hay en los tres estudios de tatuaje y en algunos de la serie de Diosas, que nos muestran que el interés de Yevonde en el cuerpo humano va más allá de los límites superficiales impuestos por el ropaje y la decoración exterior.

Mientras utilizaba la fotografía en color para explorar las posibilidades técnicas y narrativas del medio, Yevonde también eligió cuidadosamente temas para su trabajo independiente que reflejaban su interés más general en la cuestión de la posición de la mujer en la sociedad contemporánea, así como la relación entre los sexos. Durante su adolescencia Yevonde había rechazado la idea del matrimonio – cuando llegó a tener más o menos 25 años, conmovida por lo que había vivido y visto durante la guerra, se enamoró profundamente del dramaturgo Edgar Middleton. Según indican sus respectivas autobiografías[16], su matrimonio no parece haber sido muy feliz, desde que Edgar anunció en su luna de miel su desgana a la idea de tener hijos. Siendo una mujer muy sociable, Yevonde también se encontró limitada por el deseo intenso de su marido de trabajar en la soledad. Sus textos señalan claramente que su vida profesional y actividades relacionadas a ésta, así como su continua presencia en los movimientos feministas, servían como válvula de escape.

En 1936 fue invitada – con 250 representantes de América, Europa y Asia – a participar en un importante congreso internacional en París convocado por la Business and Professional Women's Federation y a dar una conferencia sobre 'la contribución femenina al mundo moderno'. El evento más destacado del congreso fue cuando un grupo de mujeres francesas negó la palabra a la Secretaria del Estado Francés. (En Francia, las mujeres podían ser diputadas pero aún no podían votar). Para Yevonde, el congreso era estimulante porque "pude revivir algo

de mi entusiasmo del sufragismo de pre-guerra cuando se creía que el voto femenino era tan importante que estábamos seguras de que significaría la reforma del mundo, es decir, se suprimirían las enfermedades y la pobreza y el tema del matrimonio se resolvería para siempre"[17].

Estas cuestiones podrían estar en su mente cuando empezó a trabajar en una curiosa serie de brazos tatuados. El tatuaje tradicionalmente era una forma de señalar la pertenencia a algún grupo social, pero a comienzos del siglo XX nació un interés especial en el tema, sobre todo entre las clases dominantes, tras la publicación de los primeros estudios antropológicos sobre el asunto[18]. Miembros, brazos, manos y piernas aparecían con frecuencia como tema de artículos de opinión (generalmente jocosos) en revistas sociales de la época, pero parece que los estudios de Yevonde de brazos tatuados servían a fines más personales que comerciales. La narrativa – tema central en la propuesta general de Yevonde – es inconclusa en su trabajo independiente pero sin embargo invitan a la especulación sobre posibles significados personales.

Los tatuajes y los nudos marinos, con sus connotaciones de bravura, virilidad y masculinidad, no eran para nada símbolos neutros. El hecho mismo del tatuaje, así como casi todos los símbolos utilizados (serpientes, dragones u otros reptiles) nacen de un impulso sexual fuerte. Los diseños reservados para uso femenino, como las mariposas o telarañas, están cargados de significados simbólicos de captura y encerramiento. Al combinar con nudos, que significan conexiones y ataduras, estos estudios exploran las relaciones entre los sexos, sobre todo el destino femenino. En las tres imágenes que incluimos aquí, las elecciones posibles (fig. 3, 9, 4) para las mujeres son la tentación (una mujer tomando una fruta del árbol del conocimiento); el matrimonio (manos femeninas y masculinas literalmente 'atándose') y la homosexualidad (dos manos formándose en nudo)[19].

Las 'caras' públicas y privadas de Yevonde se unen en su último autorretrato en color (1940) (lámina 25). Se yuxtaponen de una manera ambigua objetos que aluden a su vida profesional (los productos químicos y el equipo fotográfico en el primer plano) y objetos de índole personal y profundamente simbólicos como la mariposa azul y la siniestra cadena pesada con candado. El ambiente es melancólico, lo cual se debe al

17. *In Camera*, 1940, p.281.

18. Véase, por ejemplo, W. D. Hamby, *The History of Tattooing*, 1925 (reeditado en 1974)

19. Una frase en el último capítulo de su autobiografía subraya su preocupación con la moralidad contemporánea y su interés en encontrar nuevos modelos para ayudar a las mujeres a realizar vidas enriquecedoras: "Si tuviera que optar entre el matrimonio y una profesión, elegiría la profesión… pero nunca dejaría de ser mujer".

Figure 9
Catalogue number 56
Tattoo Study III (male & female hands pulling rope), 1938

20. De hecho, Yevonde consideró a Hecate como la 'más interesante' de la serie de Diosas. Véase *In Camera*, 1940, p.235.

21. El neoclasicismo está muy en boga en todas las artes. Varios fotógrafos cuya obra sería familiar a Yevonde usaban referencias clásicas en sus obra como, por ejemplo, George Hoyningen-Huene, el fotógrafo de modas quien usaba elementos clásicos como columnas, bustos e imágenes amplificadas de ruinas griegas en algunas de sus obras más famosas de la década de 1930.

22. Este evento tuvo mucha repercusión en la prensa social, y Yevonde seguramente vio la pre-publicidad en el *Bystander* de febrero 1935, con fotografías de Sacha.

23. Yevonde se mudó a la zona elegante oeste de Londres en 1933. Su nuevo estudio de Berkeley Square "le ganaba a la zona de Victoria en encanto y finura" y se quedó allí hasta 1955.

24. La conferencia se reproduce en el *British Journal of Photography*, 29 de mayo 1936, p.340.

fallecimiento reciente de su marido unos meses antes de estallar la guerra y del cierre del laboratorio fotográfico Vivex (lo que significaría el final de sus fotografías en color). Además de su autorretrato se ven dos retratos más – un negativo de una persona no identificada y encima de éste la diosa Hecate ('quien trabaja su voluntad'). Se discute si estas dos obras fueron elegidas como preferencias personales o si responden de una forma subconsciente a aspectos diferentes de la personalidad privada de Yevonde[20]. Menos discutible es su insistencia en celebrar el status de la fotografía como equivalente a la pintura al situarse (mostrando un negativo con orgullo) dentro de un marco dorado tradicional.

EL CONTEXTO DE LAS DIOSAS

En la serie de retratos de estrellas sociales transformadas en Diosas griegas y romanas que Yevonde empezó en 1935, abundan las referencias al arte clásico y al surrealismo contemporáneo[21]. En su autobiografía dice Yevonde que su inspiración para esta serie provino únicamente del concepto pictórico del siglo XVIII de retratar a las mujeres bellas como diosas griegas. Sin embargo, parece ser que la influencia más inmediata fue el Baile Olímpico que se celebró en el Hotel Claridges en marzo de 1935, y que tuvo mucha difusión en la prensa social, en el cual personas famosas y señoras de la alta sociedad aparecían disfrazadas de personajes mitológicos[22]. Este tipo de baile de máscaras y de eventos caritativos eran citas importantes en el calendario social de muchas mujeres de la alta sociedad. Cuando buscaba un tema para una exposición 'íntima' para inaugurar su nuevo estudio de Berkeley Square, una zona muy de moda cerca de Bond Street, Yevonde eligió las diosas como "un tema interesante que dará muchas posibilidades"[23].

Hacía tiempo que Yevonde se había dado cuenta de que para tener éxito, tanto comercial como creativo, en el campo competitivo de la fotografía, el fotógrafo retratista tenía que "ser original o morir". En una famosa conferencia que presentó en mayo de 1936 con el título de 'El futuro del retrato – si existe', Yevonde analizó las razones del descenso en la demanda para la fotografía de retrato (competición de los grandes almacenes; la introducción de cámaras más baratas que fomentaban la fotografìa amateur) y afirmó que la novedad, la originalidad y la imaginación eran los elementos principales para tener éxito[24]. Como parte de su argumento de que la fotografía a color tenía más que ver con la pintura que con las fotografías de carnet, tomó la decisión inusual de imprimir sus obras en tamaño grande – 15 x 12 pulgadas – para que, de una forma semejante a la práctica actual de producir ediciones limitadas de obras, se convirtieran en "algo precioso – no producidas por docenas como muebles o tarjetas de visita"[25]. Confesando que "es fácil cansarse de caras...con la fotografía y con el estudio...", Yevonde aconsejaba "visitar con frecuencia las galerías para generar ideas y sugerencias".

Aunque conocía la obra de surrealistas contemporáneos, a través de exposiciones de Man Ray (en 1934 en la Mayor Gallery) y de la circulación amplia a partir de 1929 de las principales revistas europeas del movimiento surrealista, Yevonde era tal vez demasiado pragmática y clásica en sus actitudes ante la fotografía para aceptar plenamente los principios surrealistas básicos de ruptura, azar, sueños, automatismo y la importancia del inconsciente. Por muy superficial y transitoria que haya sido su participación, Yevonde sin embargo absorbió ciertos elementos de la iconografía y las composiciones surrealistas del lado onírico del movimiento (Dalí/Tanguy) en sus naturalezas muertas y la serie de Diosas[26].

La ironía, elemento fundamental de la fotografía surrealista, está presente en toda la serie de Diosas, en el ambiente *camp*, expresiones exageradas y la artificialidad de los fondos, lo que ayuda a satirizar el género del retrato social. La identidad de los retratados, que hubieran sido reconocidos por su público, era un elemento importante de esta sátira, ya que subrayaba el carácter incestuoso de la alta aristocracia británica. Estaban representadas todas las corrientes políticas, con Lady Diana Mosley, esposa del dirigente fascista Sir Oswald Mosley disfrazada de Venus (lámina 3) al lado de Mrs Anthony Eden, esposa del Ministro de Relaciones Exteriores conservador, irónicamente representada como la *Musa de la Historia* (lámina 5).

Esta no fue la única vez en la que Yevonde hizo referencia a las divisiones políticas y de clase social. En su serie 'documental' sobre el Queen Mary (láminas 9 – 12), a pedido de la importante revista *Fortune* en 1936, estuvo encargada de fotografiar los últimos días del equipamiento de este nuevo transatlántico de lujo. Las imágenes finales parecen más compuestas que documentales, y los carpinteros, electricistas y capataces con sus gorras parecen personajes de una escena de

25. *In Camera*, 1940, p.187.

26. La disyunción de escala, juego de perspectiva, referencia a bustos clásicos y al mar en *Naturaleza muerta – julio* (fig. 5) y *Naturaleza muerta con busto de Venus* (fig.10) apuntan más a la influencia del precursor surrealista Giorgio de Chirico.

Figure 10
Catalogue number 51
Still Life with bust of Venus, 1938

27. "Doris tenía tanta vergüenza del interés que demostraban los hombres que montó una especie de carpa para protegerse. La fotografié trabajando medio escondida tras una escalera". *In Camera*, 1940, p.222.

Figure 11
Catalogue number 39
Still life – Leisure, 1936

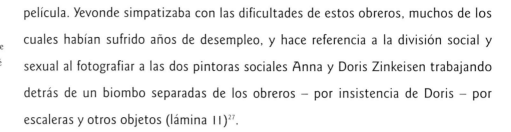

película. Yevonde simpatizaba con las dificultades de estos obreros, muchos de los cuales habían sufrido años de desempleo, y hace referencia a la división social y sexual al fotografiar a las dos pintoras sociales Anna y Doris Zinkeisen trabajando detrás de un biombo separadas de los obreros – por insistencia de Doris – por escaleras y otros objetos (lámina 11)[27].

TRABAJO COMERCIAL Y PUBLICITARIO

Antes de la década de 1930 resultaba difícil encontrar un fotógrafo que no se especializara y que estuviera dispuesto a trabajar la gama entera del medio – desde retratos hasta publicidad, moda y documental. El nuevo clima económico en la década de 1930 exigió una mayor flexibilidad y Yevonde, como reflejo de su agudo sentido comercial, se adaptó al nuevo ambiente. Con el estímulo desde mediados de la década de 1920 de la aparición de agencias americanas en Londres, fue una época en la que floreció la fotografía publicitaria. Tras una exposición de obras en color en la Albany Gallery en 1932, en sí única por ser la primera exposición de retratos a color en Gran Bretaña, aumentó el interés comercial en el trabajo de Yevonde. A pesar de sentirse limitada por las exigencias comerciales, Yevonde aceptó un número grande de trabajos, desde lencería hasta lanolina.

Los interiores cuidadosamente arreglados con mujeres solas vestidas de forma característica reflejaban la nueva mujer independiente de la década de 1930 – una modelo bien vestida fumando descaradamente un cigarrillo mientras desenvaina guisantes (lámina 13) o una campesina descansando tras un día de trabajo disfrutando de los placeres de la lanolina. Encontró soluciones aún más imaginativas para otros productos – las sales ENO pierden su imperativo comercial para formar elementos plásticos dentro de una naturaleza muerta al estilo Léger (lámina 18). Se utiliza casi el mismo nivel de rigor formal en los elementos y las harmonías cromáticas en la publicidad para Glyco-Thymoline (lámina 21), sólo que en este caso se hace una referencia directa al inminente comienzo de la guerra al incluir un búho (símbolo de la noche, presagio de mala fortuna), un casco de acero y un balde. Una pierna cortada (fig. 7), sin el sentido obligatorio de amenaza surrealista, se utiliza para anunciar calcetines, y las orquídeas (fig. 6), máscaras y telas sirven para (fig. 11) simbolizar el estilo de vida de la alta sociedad.

UN EXPOSICIÓN ÍNTIMA – DIOSAS Y OTRAS

A pesar del innegable empuje a su carrera que significó el encargo de *Fortune*[28], debido a su circulación en Estados Unidos, fue más que nada en su trabajo personal que Yevonde llevó su potencial creativo al máximo. Sobre todo, fue más que nada con las *Diosas* donde encontró la oportunidad mayor para combinar realidad y fantasía y para potenciar el color al máximo. En estas obras utiliza el color no sólo para explotar la belleza natural de los retratados y subrayar su atracción sexual, sino también para generar el carácter especial invocado por cada Diosa.

Yevonde se entregó plenamente a experimentar con este medio totalmente nuevo e impredecible, con resultados asombrosos. Su dominio del poder técnico, visual y emotivo del color era instintivo y la animó a arriesgarse mucho. "Los colores primarios son fáciles de fotografiar, pero cualquier cosa al límite del espectro – azul verdoso, verde azulado, púrpura o color vino – resulta mucho más difícil...para conseguir una mayor variedad de efectos puse filtros de color sobre algunas de mis lámparas de tungsteno. Esto alteró un poco el equilibrio de mis tres negativos pero generó efectos interesantes. Luego tapé el objetivo entero con papel de celofán azul para conseguir un cierto efecto azulado. No cambié el tiempo de exposición, lo que produjo negativos terriblemente desequilibrados. Los impresores reclamaron...pero el resultado era precioso"[29].

La serie también le dio libertad para continuar su exploración de cuestiones femeninas al identificar modelos históricos cuyos atributos, sean fortaleza, coraje, sufrimiento, o narcisismo, podrían verse como compartidos por la mujer moderna. Eligió unas 23 Diosas diferentes[30], y después seleccionó la señora apropiada para expresar las cualidades de cada diosa. Las ropas, los objetos, poses y expresiones eran cuidadosamente controladas por Yevonde. Muchos de sus amigos-artistas le daban accesorios para su trabajo, pero generalmente le tocaba a su fiel asistente Mrs Ken Wood el trabajo de localizar los objetos más complicados como la cabeza de toro, o serpientes de goma para la cabeza de *Medusa* (lámina 1). Las anécdotas que cuenta en su autobiografía dan la impresión de que el buen humor, el drama *camp* y la falsa tragedia de las imágenes finales era parte de su proceso de creación.

Lady Campbell, por ejemplo, fue elegida para el papel de *Niobe* (lámina 2) por la belleza de sus ojos. Yevonde quiso "tomar una cabeza grande" (es decir, llenando el

28. Fundada en 1930 por el editor norteamericano Henry Luce, *Fortune* magazine era básicamente una revista de negocios que promocionaba el diseño como un importante complemento a la economía de negocios.

29. *In Camera*, 1940, p.187.

30. Que parezcan existir más de 23 puede deberse al hecho de que varias Diosas, como Arethusa, aparecen en más de una pose.

31. *In Camera*, 1940, p.234.

32. La 'reubicación' de Yevonde dentro de este nuevo contexto se ve en su inclusión en una exposición reciente *A Rrose is a Rrose is a Rrose – Gender Performance* in Photography organizada por el Guggenheim Museum en 1997.

33. Steven Calloway, *Baroque: The Culture of Excess*. Phaidon, 1997.

cuadro), que expresara el dolor y sufrimiento de la muerte de sus hijos, sin "fondos ni nada simbólico". A pesar de sus intentos con glicerina, las lágrimas de Niobe no se "quedaban en su lugar". "Mezclamos un poco de vaselina con la glicerina. Esto era mejor pero abultaba demasiado y no tenía la transparencia necesaria. Intentamos añadir más glicerina pero desgraciadamente le entró a los ojos y le causó tanto dolor que lloró lágrimas de verdad...cuando por fin abrió los ojos, estaban tan inyectados de sangre y tenía una expresión tan dolorosa que corrí a la cámara y pude sacar una foto que expresaba muchísimo dolor y tristeza. De alguna forma, esta es la mejor foto de la exposición"[31]. No sabemos si Yevonde era consciente del parecido con la famosa imagen con lágrimas de cristal de Man Ray de 1930, pero no lo menciona en su autobiografía.

Desde la mirada fría y penetrante de *Medusa* (lámina 1) hasta la inocencia romántica de *Flora*, junto con la androginia militante de *Minerva* (lámina 6) y su contrapartida, la sumisión tímida de *Venus* (lámina 3), Yevonde consiguió explorar una amplia gama de tipos femeninos. No sorprende por lo tanto que un nuevo público acostumbrado a Cindy Sherman, Pierre & Gilles y Nan Goldin, todos artistas que han utilizado la fotografía para construir nuevas identidades, haya redescubierto a Yevonde, disfrutando del artificio, humor y sensibilidad *camp* de su obra[32]. A la vez, sus fotografías a color siguen claramente situadas en la década de 1930 con la "coexistencia notable de tendencias y gustos contradictorios – depresión y gasto desmedido; seriedad y frivolidad; y un intenso idealismo de izquierda frente al creciente fascismo"[33]. *Crisis* (lámina 24), su última obra terminada antes de la guerra, es claramente profética e invita a la especulación sobre qué se representa con la figura del General romano con máscara de gas, acompañado sólo con un geranio rojo que ha perdido algunos de su pétalos. Con el cierre del laboratorio Vivex al reclutarse su personal, esta imagen impactante anuncia un cambio en los destinos nacionales y personales a medida que el país se prepara para la guerra y Yevonde se ve obligada a renunciar para siempre a su querida fotografía color Vivex.

BRETT ROGERS

A RIOT OF COLOUR – YEVONDE'S VIVEX PHOTOGRAPHY

Yevonde discovered Dr Spencer's Vivex process around 1932 and used it extensively until the closure of the laboratory in 1940. These years were her most creative and prolific and the link between the aesthetic possibilities offered by the tri-colour process and her own artistic temperament is direct. She had been seeking a way to print her images that would flood them with "a riot of colour" whilst giving her the freedom to manipulate the colour at both the exposure and the printing stage. The fact that the Vivex process used pigments (the stuff of painters) and not ephemeral dyes fuelled her excitement still further and may account for the fact that she did not take up the dye transfer process after the war when the Vivex process was no longer available. The permanence of the pigment accounts for the beautiful colour of the few vintage prints that still exist.

The Vivex process, patented by Colour Photographs Limited in 1928/29, is a variant of the original pigment transfer process. Like all methods of printmaking, it sounds complicated although in fact, it is one of the simplest and most direct forms of photography. The principles were first established in the 1860's by Louis Ducos du Hauron who used a prism to separate light into its constituent colours. The separated beams of light were then directed onto three separate sensitised glass plates which fixed the information as tone in negative form. These negatives were then exposed onto sheets of sensitised gelatine mixed with red, yellow or blue pigment, washed in warm water to remove the unexposed gelatine and reassembled to produce the coloured image. The process is similar in many ways to the three-colour process invented in the 1720's by LeBlon and perfected by Gautier d'Agoty and others. Technicolor, another variant of the process, revolutionised cinema in the 1930's and flooded the screen with saturated colour.

Yevonde immersed herself in the Vivex process, revelling in its inherent strengths and exploring its limitations. Unlike Paul Outerbridge, who was printing his own tri-colour prints in the States, Yevonde never made her own colour prints. She left this side of the process in Dr Spencer's hands. The level of interpretation involved in this type of printing is great and resulted in a very close working relationship with the printers at all stages of the process. No colour proofs exist to give a clear insight into her working methods but a degree of experimentation was necessary to obtain the results she desired. Yevonde's exploitation of the peculiarities of the process must have caused some concern to the printers, especially when she wished to exploit what they saw as the more problematical aspects of the process, some of which are discussed below:

COLOUR BALANCE

Naturalism was never Yevonde's goal. By adjusting the balance between the three coloured plates she could create a wide range of effects. Under-exposing negatives increased the density and richness of the finished print, while more dramatic effects could be achieved by covering the lights with coloured gels. This she did to great effect in several of the *Goddesses* (*Helen of Troy, Dido, Muse of History* and *Hecate*) and loved the blues it produced, which may have reminded her of cyanotypes.

Colour could also be manipulated during printing. The print of *Hecate* in Yevonde's self-portrait shows a more naturalistic colour balance than the intense blue of the original goddess print (the yellow has either been added by hand or been caused by fogged materials). Another image showing a change of mind about the colour is the *Muse of Comedy*, a portrait of Gertrude Lawrence from the *Goddesses* series. The plates for this print indicate that Yevonde initially intended this as a blue image, similar to that of the *Muse of History* (plate no. 5), but changed her mind and opted for a print with softer, peachy colours. In her autobiography, Yevonde recounts how she instructed the printer to reduce the red to a minimum when printing the portrait of Lady Bridgett Poulett as the goddess, *Arethusa*. The absence of red produced a deathly green complexion which suited the narrative of the image. This freedom with materials and love of experimentation is a feature of most of Yevonde's Vivex prints.

REGISTRATION

Registration problems are common to all processes that form an image by assembling separate plates. Dr Spencer's Vivex process attempted to control registration problems caused during exposure by using transparent, slightly elastic materials. The printer could manipulate the registration by eye and hand, applying varying amounts of pressure. But not all effects of mis-registration were undesirable and Yevonde often exploited those which resulted from movement during the long exposure. When the sitter moves in the Vivex process it can have dramatic results. The exposures took seconds rather than fractions of a second and movement is recorded not as blur but as coloured fringes along the edges of the shapes that have moved. This is caused by the fact that the Vivex automatic repeating back camera favoured by Yevonde exposed each plate separately, so that any movement between exposures means the three coloured plates will not fit together properly. In the portrait of *Vivien Leigh* (plate no. 20), her body has clearly moved while her head has remained motionless.

FOCUS

Movement in and out of focus was an aspect of the process that Yevonde loved and played with. Due to the nature of the camera, there was a very limited depth of field which, when combined with the colour, could produce startling results. Objects like Christmas baubles and exotic fabrics further separate the colour to create the abstract backgrounds that are the hallmark of most of Yevonde's personal works. One of the best examples is *Still life with Fish* where both the foreground and background dissolve into coloured noise, contrasting with the pin sharp glass figures. The *Nudes* (plate no. 15) are also shot out of focus, not to create the coy vaselined softness of many nudes but to break down the form, creating coloured haloes around the delicate tones of the black model.

RETOUCHING

Always the artist, Yevonde would make sweeping changes to the composition by painting onto the negatives or prints. Retouching tri-colour negatives involves carefully painting onto all three plates to achieve anything resembling invisible retouching. This did not suit Yevonde's temperament and she made a virtue of the freedom with which she overpainted her negatives, as can be seen in the shoulder of the figure in *Edwardian Girl* (plate no. 19) or the hairline of *Niobe* (plate no. 2). In another example she appears to have scratched the negative to produce the bright red nail varnish on the female hand in *Tattoo 1* (fig. 3). During the printing process the wet gelatine is very fragile and easily marked. As a result, many of the vintage Vivex prints show evidence of extensive and crude retouching. In the contemporary prints this has been avoided wherever possible, or carried out on the computer wherever necessary.

THE EFFECTS OF TIME AND THE RESTORATION PROCESS

The restoration and reprinting of the *Goddesses* and other prints in this exhibition is a result of an ongoing collaboration between Michael Ward and myself at Permaprint and Adrian and Alexander Lack at The Senecio Press. The process involves many stages, each of which has required creative and often lateral connections to be made. The glass plates were first printed as bromides and the registration was corrected as much as possible. The colour balance and density of the digital film was decided at this stage and each bromide was then scanned using a Crosfield drum scanner. Once the information had been digitised, it was stored onto optical disk and down-loaded onto a Power Macintosh. Blemishes and damage to the glass plates were retouched and in certain cases missing plates were re-invented. Stochastic film was then output at the size of the final print and these films were sent to Permaprint. As outlined above, the printing process offers considerable scope for variation and when working on the previously unprinted images, our only guide was the density of the glass plates and a working knowledge of Yevonde's preferences. Some prints raised serious issues in terms of cropping, colour or surface while others were more straightforward. The stochastic films were registered, exposed, transferred onto temporary supports and washed before finally being transferred to watercolour paper. All the images in this exhibition use Charles Berger's UltraStable pigmented tissue and are printed on either Ultra Lana or JPP mould made paper. The resulting prints have a slightly more matt surface than most of the vintage Vivex prints. The final stage of the restoration was to archive all the images digitally and save them onto CD. The stochastic separations will be stored and used for any future printing, allowing the glass plates to be preserved in safe conditions.

UNA EXPLOSIÓN DE COLOR – LA FOTOGRAFÍA VIVEX DE YEVONDE

Yevonde descubrió el proceso Vivex de Dr Spencer en 1932 y lo utilizó extensivamente hasta el cierre del laboratorio en 1940. Estos años fueron sus más creativos y productivos y el vínculo entre las posibilidades estéticas del proceso tricolor y su propio temperamento artístico es directo. Había estado buscando una forma de imprimir sus imágenes que produjera una "explosión de color" al mismo tiempo que le permitiera manipular el color tanto durante la toma de la foto como en su impresión. El hecho de que el proceso Vivex usara pigmentos (material de pintores) en vez de tintes efímeros era fundamental para ella y puede ser la razón por la que no volvió al proceso de transferencia de tintes después de la guerra cuando el proceso Vivex ya no existía. La permanencia del pigmento explica el bello colorido de las pocas impresiones originales que se conservan.

El proceso Vivex, patentado por Colour Photographs Limited en 1928/29, es una variante del proceso de transferencia de pigmento. Como todos los métodos de impresión, parece complicado al explicarlo por escrito a pesar de ser una de las formas más fáciles y directas de fotografía. Los principios se establecieron en la década de 1860 por Louis Ducos du Hauron quien utilizó un prisma para separar la luz en sus partes constituyentes. Los rayos de luz separados se dirigían a tres placas de vidrio preparadas que registraban los tonos en negativo. Estos negativos eran entonces expuestos en películas de gelatina sensibilizado mezclados con pigmento rojo, verde o azul, lavados en agua caliente para quitar la gelatina sin exponer y rearmados para generar la imagen a color. El proceso se parece en muchos aspectos al proceso de tres colores inventado en la década de 1720 por LeBlon y perfeccionado por Gautier d'Agoty y otros. Technicolor, otro variante del proceso, fue revolucionario para el cine en la década 1930 al llenar la pantalla de color saturado.

Yevonde se metió de lleno en el proceso Vivex, aprovechando sus ventajas y explotando sus limitaciones. A diferencia de Paul Outerbridge, quien estaba haciendo sus propias impresiones tricolores en los Estados Unidos, Yevonde nunca hizo sus propias impresiones a color, sino que le entregó esta parte del proceso al Dr Spencer. Esta parte de la impresión requiere mucha interpretación y el resultado fue una relación laboral muy estrecha con los impresores en todas las fases del proceso. No existen pruebas de color para ilustrarnos su proceso de trabajo pero era preciso un cierto grado de experimentación para llegar a los resultados deseados. Yevonde manipulaba algunos aspectos del proceso, lo cual seguramente preocupaba a los impresores, sobre todo cuando quería subrayar lo que para ellos eran aspectos relativamente más flojos del proceso. Entre ellos:

EQUILIBRIO DE COLOR

El naturalismo nunca fue meta de Yevonde. Ajustando el equilibrio entre las tres planchas de color podía crear todo tipo de efectos. La sub-exposición de negativos aumentaba la densidad y la riqueza de la impresión final, y se podrían generar efectos más dramáticos poniendo filtros de color sobre los focos de iluminación. Esto lo hizo con gran éxito en varias de sus Diosas (*Helena de Troya, Dido, Musa de la Historia* y *Hecate*), y sobre todo le gustaba los azules que se producían, posiblemente por recordarle los cianotipos.

El color también se podía manipular durante el proceso de impresión. La impresión de *Hecate* en el autorretrato de Yevonde muestra un color más naturalista que el azul intenso de la foto original de la serie de Diosas (el amarillo o fue agregado a mano o es resultado del deterioro de materiales). Otra imagen que registra un cambio de opinión acerca del color es la *Musa de la comedia*, un retrato de Gertrude Lawrence de la serie de Diosas. Las planchas de esta fotografía indican que Yevonde había concebido originalmente una imagen azul, parecida a *La Musa de la Historia* (lámina 5), pero que después cambió de opinión y eligió una impresión con colores más suaves y dulces. En su autobiografía, Yevonde cuenta como le pidió al técnico que redujera al mínimo el rojo al imprimir el retrato de Lady Bridget Poulett disfrazada como la Diosa *Arethusa*. La ausencia del rojo produce un verde fúnebre que complementa muy bien la narrativa de la imagen. Esta libertad con los materiales y el amor a la experimentación caracteriza a muchas de la fotografías Vivex de Yevonde.

REGISTRO

Los problemas de registro ocurren en todos los procesos que forman imágenes a través de la superposición de planchas diferentes. El proceso Vivex del Dr Spencer trataba de evitar estos problemas en la exposición por el uso de materiales transparentes y algo elásticos. El impresor podía manipular el registro con el ojo y la mano, apretando más o menos sobre los materiales. Sin embargo, no todos los efectos de estar fuera de registro eran indeseables, y Yevonde explotó más de una vez los que se producían con el movimiento durante las exposiciones largas. Cuando se mueve el sujeto en el proceso Vivex, puede tener efectos dramáticos. Las exposiciones duraban segundos y no fracciones de segundos y el movimiento se registra no como una imagen borrosa sino como franjas de color al margen de la forma que se movió. Esto se debe al hecho de que la cámara Vivex exponía cada plancha por separado, por lo cual cualquier movimiento entre exposiciones significa que las tres planchas coloradas no coinciden. En el retrato de *Vivien Leigh* (lámina 20), el cuerpo evidentemente se movió, pero la cabeza no.

FOCO

El movimiento dentro y fuera de foco era un aspecto del proceso que Yevonde adoraba, y con el cual jugaba bastante. La propia naturaleza de la cámara producía una profundidad de campo muy limitada que, combinado con el color, podía crear efectos chocantes. Objetos como decoraciones de Navidad o telas exóticas separan el color aún más para crear los fondos abstractos que tanto caracterizan la obra personal de Yevonde. Uno de los mejores ejemplos es *Naturaleza muerta con pescado* en el cual tanto el primer plano como el fondo se disuelve en un barullo de color, lo que contrasta con la nitidez perfecta de las figuras de vidrio. Los *desnudos* (lámina 15) también están fuera de foco, no para crear la suavidad borrosa tradicional del desnudo, sino para desarticular la forma, creando aureolas de color al rededor de los tonos delicados del modelo negro.

RETOQUE

Siempre artista, Yevonde hacía cambios bruscos a la composición pintando sobre los negativos o fotografías impresas. Retocar negativos tricolores supone pintar con mucha delicadeza sobre tres negativos para llegar a algo que se parezca al retoque invisible. Esto no coincidía con el temperamento de Yevonde y enfatizaba la libertad con la que pintaba sus negativos, como se puede ver en los hombros de la figura en *Niña eduardiana* (lámina 19) o en el pelo de *Niobe* (lámina 2). En otro ejemplo parece haber rascado el negativo para producir la pintura de uñas roja en la mano femenina de *Tatuaje I*. Durante la impresión, la gelatina mojada es muy frágil y fácil de marcar. Por consiguiente, muchas de las impresiones originales Vivex muestran retoques torpes y extensivos. En las impresiones nuevas, esto se ha evitado en lo posible, o cuando ha sido necesario se ha realizado por computadora.

LOS EFECTOS DEL TIEMPO Y EL PROCESO DE RESTAURACIÓN

La restauración y la reimpresión de las Diosas y otras fotografías de esta exposición es resultado de una colaboración continua entre Michael Ward y el que suscribe en Permaprint y Adrian y Alexander Lack en The Senecio Press. El proceso engloba muchas etapas, cada uno de las cuales ha requerido un alto nivel de vínculos laterales y creativos. El equilibrio de color y la densidad de la película digital se decidió en esta etapa y cada bromuro se escaneó con un escáner cilíndrico Crosfield. Una vez digitalizada la información, se archivó en disco óptico y se salvó un una Power Macintosh. Las manchas y roturas de las planchas de vidrio se retocaron y en algunos casos se reinventaron planchas que habían desaparecido. Se produjo una película stocástica del tamaño de la foto final y esta se mandó a Permaprint. Como se describe arriba, el proceso de impresión permite bastante variación y al trabajar en las imágenes sin impresión anterior, la única guía era la densidad de las planchas de vidrio y un conocimiento de las preferencias de Yevonde. Algunas imágenes presentaban problemas serios en cuanto al corte, color o superficie, mientras que algunas eran más simples. Las películas stocásticas fueron registradas, expuestas, transferidas a soportes temporales y lavadas antes de ser transferidas a papel de acuarela. Todas las imágenes de esta exposición utilizan el papel de seda pigmentado UltraStable de Charles Berger y están impresos sobre papel de molde Ultra Lana o JPP. Las fotografías finales tienen una superficie un tanto más mate que la mayoría de las impresiones originales Vivex. La etapa final de la restauración era archivar todas las imágenes en formato digital y guardarlas en CD. Las separaciones stocásticas se conservarán y se utilizarán para cualquier impresión futura, lo cual permitirá la conservación en condiciones apropiadas de las planchas de vidrio.

COLOUR PLATES

LÁMINAS A COLOR

Plate number 1

Mrs Edward Mayer as *Medusa* from the 'Goddesses' series, 1935

Sra de Edward Mayer como *Meduza* de la serie 'Diosas', 1935

Plate number 2

Lady Campbell as *Niobe* from the 'Goddesses' series, 1935

Lady Campbell como *Niobe* de la serie 'Diosas', 1935

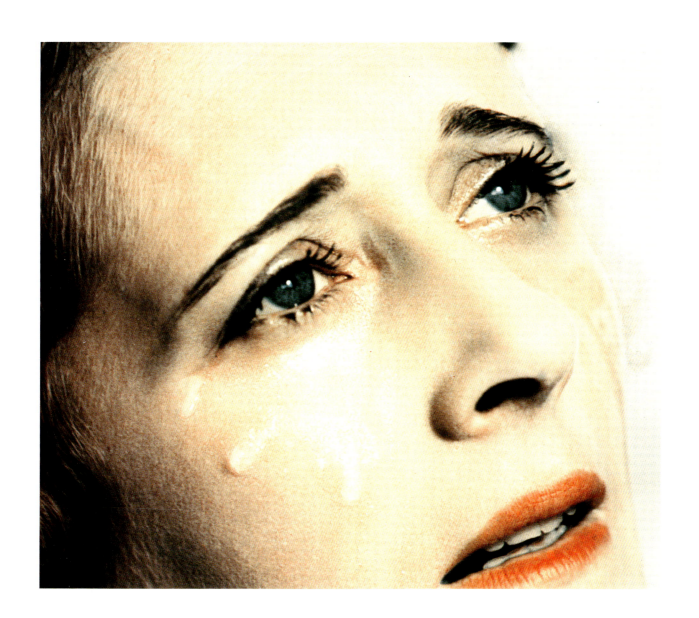

Plate number 3

The Hon. Mrs Bryan Guinness (Lady Diana Mosley) as *Venus* from the 'Goddesses' series, 1935

The Hon. Mrs Bryan Guinness (Lady Diana Mosley) como *Venus* de la serie 'Diosas', 1935

Plate number 4

Mrs Richard Hart-Davis as *Ariel* from the 'Goddesses' series, 1935

Sra de Richard Hart-Davis como *Ariel* de la serie 'Diosas', 1935

Plate number 5

Mrs Anthony Eden as the *Muse of History* from the 'Goddesses' series, 1935

Sra de Anthony Eden como la *Musa de la Historia* de la serie 'Diosas', 1935

Plate number 6

Mrs Michael Balcon as *Minerva* from the 'Goddesses' series, 1935

Sra de Michael Balcon como *Minerva* de la serie 'Diosas', 1935

Plate number 7

Mrs Donald Ross as *Europa* from the 'Goddesses' series, 1935

Sra de Donald Ross como *Europa* de la serie 'Diosas', 1935

Plate number 8

Lady Milbanke as *Penthesilea, Queen of the Amazons,* from the 'Goddesses' series, 1935

Lady Milbanke como *Penthesilea, Reina de las Amazonas* de la serie 'Diosas', 1935

Plate number 9

Ship's funnel, Queen Mary, 1936

Chimenea del barco, Queen Mary, 1936

Plate number 10

The Catholic Altarpiece executed by Kenneth Shoesmith in the Cabin Class Drawing Room on board the Queen Mary, 1936

El Altar Católico ejecutado por Kenneth Shoesmith en el salón del Queen Mary, 1936

Plate number 11

Doris Zinkeisen decorating the Verandah Grill on the Queen Mary, 1936

Doris Zinkeisen decorando el Verandah Grill en el Queen Mary, 1936

Plate number 12

Tourist Class Cocktail Bar, Queen Mary, 1936

Cóctel bar de la clase turista, Queen Mary, 1936

Plate number 13

Shelling Peas – advertising shot, 1937

Desenvainando guisantes – foto publicitaria, 1937

Plate number 14

Lilies, *c.*1935

Lilas, *c.*1935

Plate number 15

Untitled Nude (kneeling) *c.*1933

Sin título desnudo (arrodillada) *c.*1933

Plate number 16

Still life with head of Nefertiti, 1938

Naturaleza muerta con cabeza de Nefertiti, 1938

Plate number 17

Untitled (Girl with dartboard), 1938

Sin título (muchacha con una diana), 1938

·

Plate number 18

Advertisement for Eno's Fruit Salts, *c.*1939

Anuncio para sales Eno, *c.*1939

Plate number 19

Edwardian Girl, advertising shot, 1938/39

Niña eduardiana, foto publicitaria, 1938/39

Plate number 20

Vivien Leigh, 1936

Vivien Leigh, 1936

Plate number 21

Advertisement for Glyco-Thymoline, 1939

Anuncio para Glyco-Thymoline, 1939

Plate number 22

Red Cabbage and Leaves, *c.*1933

Lombarda y Follaje, *c.*1933

Plate number 23

Fireworks, 1937

Fuegos artificiales, 1937

Plate number 24

Crisis, 1939

Crisis, 1939

Plate number 25

Self portrait with image of Hecate, 1940

Autorretrato con imagen de Hecate, 1940

LIST OF WORKS

LISTA DE OBRAS

All works copyright of The *Yevonde* Portrait Archive. Catalogue number 6 and fig.1 are reproduced by courtesy of The Royal Photographic Society, Bath. Images of the Queen Mary are reproduced by kind permission of Fortune magazine, New York.

All exhibition prints are Permaprint pigment transfer prints made from the original glass plate negatives except catalogue number 6, where the Permaprint pigment transfer print has been produced from a colour transparency.

GODDESSES

1. The Hon. Mrs Bryan Guinness (Lady Diana Mosley) as *Venus* from the 'Goddesses' series, 1935
Recently divorced from her husband, Bryan Guinness, Lord Moyne, Diana, née Mitford, went on to become in 1936 the wife of Sir Oswald Mosley, British political leader and founding member of the British Union of Fascists.

2. Dorothy, Duchess of Wellington as *Hecate* from the 'Goddesses' series, 1935
Née Ashton, wife of the 3rd son of the 4th Duke of Wellington, Dorothy was the mother of the present 8th Duke of Wellington.

3. Mrs Charles Sweeny (Margaret, Duchess of Argyll) as *Helen of Troy* from the 'Goddesses' series, 1935
Née Whigham, divorced Charles Sweeny and went on to marry the 11th Duke of Argyll as his fourth wife in 1951. Purported to be the most photographed woman of her time.

4. Mrs Edward Mayer as *Medusa* from the 'Goddesses' series, 1935

5. Mrs Michael Balcon as *Minerva* from the 'Goddesses' series, 1935
Née Aileen Freda Leatherman, wife of pioneering & legendary British movie producer, Sir Michael Elias Balcon who 'discovered' Alfred Hitchcock in the 1920's.

6. Lady Milbanke as *Penthesilea, Queen of the Amazons*, from the 'Goddesses' series, 1935
Née Margaret Sheila Chisolm, Australian born, first married Lord Loughborough whom she divorced in 1926. Married Sir John Milbanke (11th Baronet Milbanke) in 1928. In later life she married for a third time, the Russian, Prince Dmitri, grandson of Tsar Alexander III.

7. Mrs Richard Hart-Davis as *Andromeda* from the 'Goddesses' series, 1935
Née Edith Ellaline Tichman, she married Richard Hart-Davis, whom she divorced in the late thirties before becoming the third wife of Lord Brougham and Vaux in 1942.

8. Mrs Richard Hart-Davis as *Ariel* from the 'Goddesses' series, 1935

9. Lady Campbell as *Niobe* from the 'Goddesses' series, 1935
Dorothy ('Dolly') Evelyn Whittall, married Yevonde's cousin, Sir Malcolm Campbell, racing driver and holder of the world land and water speed records in 1930.

10. Lady Bridgett Poulett as *Arethusa* from the 'Goddesses' series, 1935
Lady Bridgett Elizabeth Felicia Henrietta Augusta Poulett, born 1912. Daughter of the 7th Earl Poulett. In later life, she went on to marry a South American, Robledo.

11. Mrs Anthony Eden as the *Muse of History* from the 'Goddesses' series, 1935
Wife of British political leader, Sir Anthony Eden, Conservative member of Parliament (1923–57) and British Foreign Secretary (1935–38).

12. Eileen Hunter(Mrs Ward Jackson) as *Dido* from the 'Goddesses' series, 1935
Eileen Hunter was married to George Ward Jackson a bohemian dilettante. She established and ran her own textile shop in London during the 1930's.

13. Mrs Donald Ross as *Europa* from the 'Goddesses' series, 1935
Née Esme Catherine Crichton Stewart (born 1909), first married Viscount Tiverton in 1930. After her divorce in 1936 she married Donald Ross. There remains some doubt about the identity of this sitter.

14. Miss Susan Bligh as *Calypso* from the 'Goddesses' series, 1935
Daughter of Noel, son of 8th Earl of Darnley. Married Colonel Stirling of Kier. Her sister Jasmine was one of the first television announcers in 1936.

15. Mrs Longdon as *Persephone* from the 'Goddesses' series, 1935

16. Gertrude Lawrence as the *Muse of Comedy* from the 'Goddesses' series, 1935
Celebrated actress and close personal friend of Noel Coward, British dramatist most noted as a master of sophisticated and "naughty" comedies and musicals.

QUEEN MARY COMMISSION

One of the largest and fastest ocean liners, the Queen Mary represented the pinnacle of ship building. Put into service in 1936, she captured the public imagination and came to represent the spirit of an era characterised by elegance and style. Her art deco interior, decorated with specially commissioned works by British painters and sculptors, was renowned for its exquisite craftmanship.

17. Ship's Funnel, Queen Mary, 1936
One of the ship's three funnels, each of which had a diameter of 30 ft – sufficient to allow three trains to pass through in line abreast.

18. The Catholic altarpiece executed by Kenneth Shoesmith in the Cabin Class Drawing Room on board the Queen Mary, 1936
This painting – 'Madonna of the Atlantic' – was concealed behind folding screens featuring a harbour scene, also by Kenneth Shoesmith, in the Cabin Class drawing room, except for times when the room was used as a chapel. At the forward end of the room was an altar, with adjoining sacristy and robing room.

19. Installation of a decorative green glass panel by Walter Gilbert, Queen Mary, 1936
The sculptor Walter Gilbert developed radically new designs of moulded frosted glass such as this one for the Birmingham firm of John Walsh in a concerted attempt to keep abreast of continental innovations.

20. Anna Zinkeisen decorating the Ballroom on the Queen Mary, 1936
Anna Zinkeisen's quasi-mythological sequence "The Four Seasons", which originally occupied the four corners of the Cabin Class ballroom, was removed from this position in the late 1940's. The colours used in the work complemented those used in the decorative scheme for the entire room.

21. Doris Zinkeisen decorating the Verandah Grill on the Queen Mary, 1936
Doris Zinkeisen adding the finishing touches to a painted mural for the Verandah Grill. The mural depicts a fanciful parade of characters drawn from the theme of "Entertainment" which covered a total area of 1000 square feet .

22. Cabin Class playroom on the Queen Mary, 1936

One of three playrooms on the ship, this one was divided into separate areas for boys and girls. It featured, among countless other delights, a chute, a small aquarium and a miniature movie theatre.

23. Tourist Class Cocktail Bar, Queen Mary, 1936

Tourist Class passengers also had their own cocktail bar, an unusual feature for liners of the period. Much use was made of Formica, while the overall colour scheme of cream and vermilion was set off by contrasting wave-shaped bands inlaid across the front of the bar.

24. Observation Lounge Cocktail Bar, Queen Mary, 1936

The semi-circular observation lounge was one of the most architecturally cohesive rooms on the ship. Within the room, the main focus was the Macassar ebony-fronted bar, complete with painting, "Royal Jubilee Week 1935", by A. R. Thomson.

ADVERTISING AND STILL LIFE

25. Landgirl – Lanoline Advertisement for Thomas Christy & Co.
Model: V. Tester

26. Spirits, c.1933

27. Untitled Still Life, c.1933 (bubbles and glass fish)

28. Red Cabbage and Leaves, c.1933

29. Untitled Nude, c.1933
Model: Gillian John

30. Untitled Nude (kneeling), c.1933
Model: Gillian John

31. Untitled,1933
Model: Betty Cowell

32. Untitled Still Life, c.1934 (glass fish)

33. Jimmy the Monkey, c.1934

34. The Kind Lion I, 1934

35. The Kind Lion II, 1934

36. Toadstool,1934

37. Lilies, c.1935

38. Untitled advertising shot (figure on fabric), c.1935

39. Still life – Leisure, 1936

40. Shrimp Girl – advertising shot, c.1936
Model: Joan Appleby

41. Portrait of Vivien Leigh, 1936

42. Still life – Orchid, 1937

43. Machine Worker in Summer, 1937
Model: Joan Richards

44. Shelling Peas – advertising shot, 1937
Model: Rosemary Chance

45. Fireworks, 1937
Model: Joan Mather

46. Study for Cover of *Woman and Beauty* magazine, 1937
Model: Inez Masters

47. Untitled hosiery advertisement, 1938

48. Portrait of the Racing Driver, Jill Thomas, 1938

49. Daimler Car Hire Advertisement, 1938

50. Untitled (Girl with dartboard), 1938
Model: Edwina Rademeyer

51. Still Life with bust of Venus, 1938

52. Still Life – July, 1938

53. Still Life with head of Nefertiti, 1938

54. Tattoo Study I (female hands and fruit tree), 1938

55. Tattoo Study II (man tying knot), 1938

56. Tattoo Study III (male and female hands pulling rope), 1938

57. Jaeger Window, 1938

58. Edwardian Girl – advertising shot, 1938/39

59. Study for Christmas cover for *Eve's Journal*, 1938

60. Advertisement for Glyco-Thymoline, 1939

61. Advertisement for Eno's Fruit Salts, c.1939

62. Crisis, 1939

63. Self portrait with image of Hecate, 1940

LISTA DE OBRAS

Todas las obras son copyright de The Yevonde Portrait Archive. Catálogo número 6 y fig.1 son reproducidos por cortesía de The Royal Photographic Society, Bath. Las imágenes del Queen Mary son reproducidas por cortesía de la revista Fortune, New York.

Todas las fotografías expuestas son impresiones de transferencia de tinte Permaprint de los negativos originales de vidrio, excepto el número 6, donde el mismo proceso se hizo a partir de una transparencia de color.

DIOSAS

1. The Hon. Mrs Bryan Guinness (Lady Diana Mosley) como *Venus* de la serie 'Diosas', 1935
Recién divorciada de su marido Bryan Guinness, Lord Moyne, Diana, nacida Mitford, se volvió a casar en 1936 con Sir Oswald Mosley, dirigente político británico y miembro fundador de la unión británica de fascistas.

2. Dorothy, Duquesa de Wellington como *Hecate* de la serie 'Diosas', 1935
Nacida Ashton, esposa del 3er hijo del 4º Duque de Wellington, Dorothy era madre del presente 8º Duque de Wellington.

3. Sra de Charles Sweeney (Margaret, Duquesa de Argyll) como *Helena de Troya* de la serie 'Diosas', 1935
Nacida Whigham, se divorció de Charles Sweeney y se casó en 1951 con el 11º Duque de Argyll, siendo su cuarta esposa. Se decía que era la mujer más fotografiada de su época.

4. Sra de Edward Mayer como *Meduza* de la serie 'Diosas', 1935

5. Sra de Michael Balcon como *Minerva* de la serie 'Diosas', 1935
Nacida Aileen Freda Leatherman, esposa del legendario y pionero productor de cine Sir Michael Elias Balcon quien 'descubrió' a Alfred Hitchcock en la década de 1920.

6. Lady Milbanke como *Penthesilea, Reina de las Amazonas* de la serie 'Diosas', 1935
Nacida Margaret Sheila Chisolm, nacida en Australia, su primer matrimonio era con Lord Loughborough, de quien se divorció en 1926. En 1928 se casa con Sir John Milbanke (11º Baronnet Milbanke). Más tarde se casó por tercera vez, con el príncipe ruso Dmitri.

7. Sra de Richard Hart-Davis como *Andrómeda* de la serie 'Diosas', 1935
Nacida Edith Ellaline Tichman, se casó con el editor Richard Hart-Davis, de quien se divorció a finales de la década de 1930, casándose luego en 1942 con Lord Brougham and Vaux, siendo su tercer esposa.

8. Sra de Richard Hart-Davis como *Ariel* de la serie 'Diosas', 1935

9. Lady Campbell como *Niobe* de la serie 'Diosas', 1935
Dorothy ('Dolly') Evelyn Whittall, se casó con Sir Malcolm Campbell, primo de Yevonde, piloto y campeón del record de velocidad acuático y terrestre en 1930.

10. Lady Bridgett Poulett como *Arethusa* de la serie 'Diosas', 1935
Lady Bridgett Elizabeth Felicia Henrietta Augusta Poulett, nacida en 1912, hija del 7º Earl Poulett. Más tarde se casó con un sudamericano llamado Robledo.

11. Sra de Anthony Eden como la *Musa de la Historia* de la serie 'Diosas', 1935
Esposa del líder político británico, Sir Anthony Eden era un diputado del partido Conservador (1923–57) y Ministro de Relaciones Exteriores (1935–38).

12. Eileen Hunter (Sra de Ward Jackson) como *Dido* de la serie 'Diosas', 1935

13. Sra de Donald Ross como *Europa* de la serie 'Diosas', 1935
Nacida Esme Catherine Crichton Stewart (en 1909), su primer matrimonio era con el Visconde Tiverton en 1930. Tras su divorcio en 1936 se casó con Donald Ross. Existen algunas dudas sobre la identidad atribuida.

14. Srta Susan Bligh como *Calypso* de la serie 'Diosas', 1935
Casada con el Coronel Stirling de Kier. Hija de Noel, 8º Earl de Darnley. Su hermana Jasmine fue una de las primeras locutoras de televisión en 1936.

15. Sra Longdon como *Persephone* de la serie 'Diosas', 1935

16. Gertrude Lawrence como la *Musa de la Comedia* de la serie 'Diosas', 1935
Conocida actriz y amiga íntima de Noel Coward, dramaturgo británico famoso por sus sofisticadas y 'atrevidas' comedias y musicales.

ENCARGO SOBRE EL QUEEN MARY

Siendo uno de los transatlánticos más rápidos y grandes, el Queen Mary representaba el cénit de la construcción marítima. Su primer viaje fue en 1936; consiguió despertar la imaginación pública, y llegó a simbolizar el espíritu de una época caracterizada por la elegancia y el estilo. Su interior Art Deco, decorada con obras encargadas a pintores y escultores británicos, era famoso por su artesanía exquisita.

17. Chimenea del barco Queen Mary, 1936
Una de las tres chimeneas del barco cada una de las cuales tenía un diámetro de treinta pies, suficientemente amplia para permitir el paso simultáneo de tres trenes lado a lado.

18. El altar católico ejecutado por Kenneth Shoesmith en el salón del Queen Mary, 1936
Esta pintura – La Madona del Atlántico – se ocultaba detrás de biombos decorados con escenas marítimas por Kenneth Shoesmith en el salón de primera clase. excepto cuando se usaba el salón como capilla. Al extremo del salón había un altar que conectaba con la sacristía y un vestidor.

19. Instalación de un panel decorativo en cristal verde por Walter Gilbert, Queen Mary, 1936
El escultor Walter Gilbert desarrolló diseños radicalmente nuevos de cristal moldeado, esmerilado tal como este para la compania de John Walsh en Birmingham. Representa una tentativa para mantenerse a la par de las novedades continentales.

20. Anna Zinkeisen decorando el salón de baile en el Queen Mary, 1936
La serie casi mitológica de 'Las cuatro estaciones' de Anna Zinkeisen que originalmente ocupaba las cuatro esquinas del salón de baile de primera clase se sacó de su ubicación original a finales de la década de 1940. Los colores complementaban los que se usaban en la decoración entera de la sala.

21. Doris Zinkeisen decorando el Verandah Grill en el Queen Mary, 1936
Doris Zinkeisen pone los últimos retoques en un mural pintado para el Verandah Grill. El mural muestra un desfile imaginado sobre el tema de 'Diversión' que ocupaba un total de 1000 pies cuadrados.

22. Sala de juegos de primera clase en el Queen Mary, 1936
Uno de tres salones de juego en el Queen Mary, este estaba dividido en partes separados para chicos y chicas. Entre otros encantos contaba con un tobogán, un pequeño acuário y un pequeño cine.

23. Cóctel bar de clase turista, Queen Mary, 1936
Los pasajeros de clase turista también tenían su propio cóctel bar, una característica inusual para transatlánticos de esa época. El uso de Formica era muy evidente, mientras que la combinación de los colores de crema y bermellón resaltaban con el contraste de las bandas oleadas, taraceadas sobre la fachada del bar.

24. Cóctel bar de la sala de observación, Queen Mary, 1936
La sala de observación semicircular era una de las áreas más coherentes del navió en cuanto a la arquitectura. Dentro de la sala, el foco era el bar de ébano macassar con el cuadro 'Royal Jubilee Week', 1935 de A. R. Thomson.

PUBLICIDAD Y NATURALEZAS MUERTAS

25. Campesina – anuncio de Lanolina para Thomas Christy & Co.
Modelo: V. Tester

26. Espíritus, c.1933

27. Naturaleza muerta sin título, c.1933 (burbujas y pez de cristal)

28. Lombarda y Follaje, c.1933

29. Sin título desnudo, c.1933
Modelo: Gillian John

30. Sin título desnudo (arrodillada), c.1933
Modelo: Gillian John

31. Sin título, 1933
Modelo: Betty Cowell

32. Naturaleza muerta sin título, c.1934 (pez de cristal)

33. Jimmy el mono, c.1934

34. León amable I, 1934

35. León amable II, 1934

36. Hongos, 1934

37. Lilas, c.1935

38. Fotografía publicitaria sin título (figura sobre telas), c.1935

39. Naturaleza muerta – Ocio, 1936

40. Muchacha con gambas – foto publicitaria, c.1936
Modelo: Joan Appleby

41. Retrato de Vivien Leigh, 1936

42. Naturaleza muerta – Orquídea, 1937

43. Operario en verano, 1937
Modelo: Joan Richards

44. Desenvainando guisantes – foto publicitaria, 1937
Modelo: Rosemary Chance

45. Fuegos artificiales, 1937
Modelo: Joan Mather

46. Estudio para la portada de *Woman and Beauty Magazine*, 1937
Modelo: Inez Masters

47. Foto publicitaria sin título (lencería), 1938

48. Jill Thomas, piloto de coche de carreras, 1938

49. Anuncio para alquiler de coches Daimler, 1938

50. Sin título (muchacha con una diana), 1938
Modelo: Edwina Rademeyer

51. Naturaleza muerta con busto de Venus, 1938

52. Naturaleza muerta – Julio, 1938

53. Naturaleza muerta con cabeza de Nefertiti, 1938

54. Estudio de tatuaje I (manos de mujer y árbol de fruta), 1938

55. Estudio de tatuaje II (hombre haciendo un nudo), 1938
56. Estudio de tatuaje III (manos de hombre y mujer tirando de una cuerda), 1938

57. Escaparate de Jaeger, 1938

58. Niña eduardiana – foto publicitaria, 1938/39

59. Estudio para la portada de Navidad de *Eve's Journal*, 1938

60. Anuncio para Glyco-Thymoline, 1939

61. Anuncio para sales Eno, c.1939

62. Crisis, 1939

63. Autoretrato – Yevonde con imagen de Hecate, 1940